高校武术文化教育的思考与探索

董英辉 著

中国海洋大学出版社
·青岛·

图书在版编目（CIP）数据

高校武术文化教育的思考与探索/董英辉著. —青
岛：中国海洋大学出版社，2021.9
ISBN 978 - 7 - 5670 - 2950 - 7

Ⅰ. ①高… Ⅱ. ①董… Ⅲ. ①高等学校—武术—体育
文化—教育研究 Ⅳ. ①G40 - 03

中国版本图书馆 CIP 数据核字（2021）第 200693 号

出版发行	中国海洋大学出版社
社　　址	青岛市香港东路 23 号　　邮政编码　266071
出 版 人	刘文菁
网　　址	http：//pub. ouc. edu. cn
电子信箱	2586345806@qq. com
订购电话	0532 - 82032573（传真）
责任编辑	矫恒鹏　　　　　　　电　　话　0532 - 85902349
印　　制	青岛至德印刷包装有限公司
版　　次	2023 年 3 月第 1 版
印　　次	2023 年 3 月第 1 次印刷
成品尺寸	170mm×240mm
印　　张	6.75
字　　数	114 千
印　　数	1～1 000
定　　价	36.00 元

前　言

　　高校武术文化教育是指在高等院校，教师与学生按照某一特定体育行为规范，在课外群体竞赛以及武术教学过程中不断产生的精神以及物质财富的总和。科学合理地进行高校武术文化教育，并努力对其进行引导，使其实现不断创新，将会在很大程度上促进武术教学以及课外体育活动建设，并使高校体育文化内涵得到丰富以及发展。近年来，随着我国高等教育改革的不断推进，高等院校在武术文化教育开展过程中取得了一定的成效，但是仍然存在过分注重技术传授、教学方法落后等问题，导致高校武术文化教育的实效性较低。本书通过对高校武术文化教育的研究，提出了提高我国高校武术文化教育发展质量的对策，为推动我国高校武术文化教育健康持续发展，促进其创新发展提供理论参考。

　　本书首先介绍了武术及武术文化的起源，并分析其发展；其次对武术文化教育建设的具体内容做了详细介绍；再次系统分析了武术文化对学生人格素养的影响；最后详细阐述了以网络为媒介的武术文化的传播发展。

　　本书在编写过程中汲取了许多有关武术文化的最新信息，借鉴和参考了国内外许多专家学者的最新研究成果，在此一并表示感谢。由于作者水平有限，不当之处在所难免，恳请广大读者批评指正。

作　者

2019 年 3 月

目　录

第一章 导 论

中华武术源远流长，在华夏土地上延续了数千年，并植根于民间。它源于人们的生产实践、军事战争和各种社会活动，是经历了漫长的历史发展过程而形成的内容精深、社会价值广泛、文化色彩浓郁的我国特有的民族传统体育项目。它不仅具有多样的形式、丰富的内容、深邃的文化内涵，更具有健身、防身、修身养性、竞技、娱乐等多方面的社会功能。随着社会的不断发展和世界各民族文化交流的不断深入，武术将不仅为国人喜闻乐见，而且必将受到世界上越来越多的人的青睐。

第一节 武术的起源与发展

一、武术的起源

原始时代，人们在狩猎的生产活动中，逐渐积累了劈、砍、刺的技能。这些原始形态的攻防技能是低级的，还没有脱离生产技能的范畴，却是武术技术形成的基础。因此可以说武术起源于我国远古祖先的生产劳动。

在武术文化起源与发展的研究当中，专家学者持不同观点。

杨建营、徐培文在《古代武术宏观发展特征的研究》中指出："中国武术自远古萌生，经夏、商、西周，到春秋战国的初具雏形，自秦汉三国，类武术套路、攻防格斗等运动形式的出现，东传日本，到唐代武举制的实行，自两宋武术体系的初步形成，到明清武术发展至鼎盛，基本上呈循序渐进的发展趋势。历史上虽然也曾有过秦王嬴政、隋文帝、元王朝及清朝的禁武，但他们禁止的仅是民间武术，从未停止过军事武术的发展。"

王世景在《运用技术观对武术起源的分析》中指出："技术在对武术形成过程中的作用可从技术特征的两个方面来加以说明，一是从自然性角度来说：在原始人类由被猛兽威胁到主动狩猎的过程中，武术是一种抗争自然、改造自然的技术；二是从社会性角度来说：武术是在人类发展过程中，在长期不断的搏斗与战争中所积累形成的一种攻防技击技术。"

姚海波、俞林在《秦汉三国时期武术研究》中指出："秦汉三国时期，推动武术发展的强大动力是对外对内的战争，可以说军事战争是此时期促进武术的快速发展的重要因素。为武术提供理论和物质的支持则是文化的融合与经济的发展，民间武术在这一时期的经济、文化的激烈而复杂的阶级斗争中稳步发展，另外，武术理论的大量出现，使得这一时期的武术与春秋战国时期相比更有利于武术的继承和发展。"

李德成在《武术起源与发展刍论》中指出："人类早期的各民族都有过为自身利益而征战的经历，都有对战争的技术性总结。在冷兵器时代，对兵器的熟练使用和提高士兵的身体素质，唯武术有效。各民族都有一套独特的武艺训练方式，如希腊人的角力、拳击，中国人的技击、格斗。"

毛秀珠在《中华武术的文化渊源》中认为："中华武术是中国传统文化熏陶出来的产物，是中国传统文化思想沉淀的反映。"

（一）武术的萌芽

中国武术以它独具的风貌自立于世界之林。作为一个武术爱好者，恐怕不是仅仅能打几套拳、舞几手刀剑就可以的，还应对它的发展有所了解。有人曾经用唯心主义的说教蛊惑人心，"仙传神授""夜梦真人授之以拳法""面壁九年创外家拳术"等说法相继出现。

到底武术是不是真的像一些人说的那样，是神仙传神授的？武术历史悠久，源远流长，到底有多久、有多长？是不是原始人时就开始有武术了呢？

原始人会打猎、会搏斗，但不能算会武术。因为武术是人类的一宗文化财富，属于上层建筑，而原始人的生活主要是维持生命，他们的一切活动大都是无意识的本能活动。

但是武术却是从他们的生存斗争中逐渐孕育出来的。处于"原始群"时代，"人民少而禽兽众"，他们随时要防御凶禽猛兽的袭击，狩猎成为他们生存的必需活动；另外，他们也要捕捉动物为食为衣。因此，他们既是猎手，同时也是战士。他们常常需要拳打、脚踢、闪躲、跳跃，也要设法用石器、棍棒击中野兽的要害。恶劣的生活环境使他们意识增强了，不断改善自己的体力和智力，除了不断地改进武器，也从技能上也逐渐总结经验和积累方法，而这些有意识的活动，正是武术的萌芽。

一些武术器具的变化也可证明中国武术的悠久历史。例如，武术器具从刮削器、尖状器、砍砸器逐渐发展到刀、斧、矛、戈；从石器逐渐发展为青铜器，日渐精良，人们运用得也日益得心应手，使各种劈、刺、扎、砍等使用方法越来越丰富，但其演变的过程是漫长的。

进入氏族社会，部落之间为了争夺领地、财富而发生战争。《兵迹》中记载道："民物相攫而有武矣。"这里所说的"武"即指军事战争。在战争中，双方厮杀常常是很激烈的，远则掷石射箭，近则棍棒矛戈，有时还要徒手搏斗。为了保护自己，战胜对方，他们在平时进行严格的训练，为战斗做准备。人们把战斗中使用成功的一拳一脚、一劈一刺进行传授和反复练习，又在战斗中自觉地、有意识地加以运用，这种技击术，应当说就是武术雏形。

那些在战争中令人神往的巧妙的技击术，后来也被用在战争间歇或庆祝胜利的欢娱时刻，将士们把自己的武艺炫耀一番，一则助兴，二则显示他们的勇武精神。这种形式当时被称作"舞"。相传在夏朝之前，有苗族逞强，禹欲带兵去征战，舜没有同意，认为还用不着武力征服，让士兵训练"干戚舞"（"干戚"就是干戈玉斧那样的兵器），70天后，请苗族首领来看，对方由此而知华夏的军事实力雄厚，不敢再有侵犯之心，表示愿结为盟好。用今天的话来说，舜是用一次威武雄壮的军事表演，以心理战来征服对方的。

当然，这些古代武术处于朦胧和萌芽状态，与今天武术的面貌大不一样。然而，文化从来都是有继承性的，今天的武术正是从古代武术中逐步演变发展而来的。

概括地说，在人与兽斗、人与人争的社会生活中，从本能的自卫到有意识的技击术产生，古代武术也就逐步形成了。

（二）武术的雏形

在原始社会生产力极为低下的社会条件下，人们为了满足生存的需要，就必须依靠群体力量同自然界战斗。在狩猎的生产活动中，人类不仅靠拳打、脚踢、躲闪等动作徒手与野兽搏斗，还需要拿起石头、木棒与野兽抗争，在这些过程中逐渐积累形成了劈、砍、刺的技能。这些原始形态的搏斗技能是低级的，还没有脱离生产技能的范畴，但这却是武术技能形成的基础。

进入阶级社会后，在连续不断的战争、家族的私斗中，比较成功的一击、一刺、一拳、一腿逐渐被人们模仿、传授、习练。因此，战场上的搏斗经验不断得到总结，武术进一步向实用化、规范化发展，兵器和武艺也都有了较大程度的变化，武术体系正逐步形成。

春秋战国时期，诸侯争霸，各国都很重视技击术在战场中的运用，铸造工艺也有了很大发展，尤其在吴、越出现了制剑精良的名匠大师。当时不仅盛行击剑，文人佩剑也蔚然成风。到了秦汉时期，武术的初期分支开始萌生，出现了拳术、剑术、象形武术等分支，为以后武术的发展奠定了基础。

武术的产生与人类的生产活动密切相关，在"物竞天择，适者生存"的生存环境中，人类首先面临的就是与野兽之间的争斗。为了猎取食物，人类自然产生了拳打脚踢、掌击、跳跃翻滚一类的初级攻防手段。然而，这些击打的方法多是基于本能的、自发的、随意的身体动作，人们还不能有意识地进行搏杀技能练习，但这些初级攻防技能却为武术的形成奠定了一定的基础，也是武术的萌芽。

早在原始社会，人类就学会了制造和使用石制或木制的工具，并掌握了使用这些工具击打野兽的方法。而且，我们从考古发现中可以了解到，旧石器时代已出现了尖状石器、石球、石手斧、骨角加工的矛，而到了新石器时代末期，则出现了大量的石斧、石铲、石刀和骨制的鱼叉、箭镞，甚至还有铜钺、铜斧等。因此我们不难看出，在人与兽的争斗中，人类掌握了基本的搏杀技能，原始人类的生存能力已大大提高。

真正意义上的武术产生于人与人的战争中。据《吕氏春秋·荡兵》记载："未有蚩尤之时，民固剥林木以战矣。""争斗之所自来者久矣，不可禁，不可止。"由此可见，早在原始部落发生大规模战争之前，中国就已经出现了人与人之间为抢夺食物、领地等进行的争斗。这些战争非常普遍，而且由来已久，正是这些争斗使大量生产工具逐渐演变为武器。在战争中，凡是能用于搏击的生产工具都成了战斗的武器，人们远则使用弓箭、投掷器，近则使用棍棒、刀斧，器械巨大的杀伤力被残忍地展现出来。渐渐地，人们发现仅有器械是不够的，由此，使用器械的技巧和战争中的格斗技术逐步分离出来，并沿着自身的规律向武术的方向发展。

原始社会末期出现了大规模的氏族间的战争，而这种原始部落之间有组织的战争加速了原始武术的形成。据古籍记载，这一时期进行了大规模战争。原始人群为适应原始战争的需要，要做战斗的演习操练，以熟悉战斗的击刺动作和应有的群体组合，于是在原始人群中萌生了"武舞"，或者称"战舞"。

在近代某些带有原始风貌的民族风俗中，我们还可看到原始武舞的影子，如云南纳西族的祭神武舞"东巴跳"，上百人手持武器而狂舞。

在现今我国发现的原始岩画中，也能够看到一些原始武术的图像。在一些岩画中，远古的战士们成横列状，右手高举短戈，傲然屹立；还有一些人一手持方盾，一手执两端粗中间细的武器，双腿弯曲呈马步下蹲，生动展现了原始武术的威武动作。

（三）武术的形成

武术虽然在原始社会的斗争中得以萌芽发展，构成了原始文化的重要组成部分，但它只是处于萌生阶段，还没进入有目的、有计划、有组织的体育活动范畴，因而真正的武术是在进入阶级社会以后才逐渐形成的。

在人类进入奴隶社会以后，武术开始从生产活动中分化出来，成为专为统治阶级服务的军事技能，并开始向专门化、复杂化方向发展。夏朝还出现了"序"和"校"等以武术传授为主的教育机构，进行各种武艺的传习和演练。当时的武技多称"手搏""手格""股肱"等，据《史记》记载，夏王桀就是徒手生擒猛兽的技术能手。

殷商时期，出现了武术训练的重要手段——田猎。那时是一个以农业经济为主的社会，田猎已经不再是人类赖以生存的谋生手段，而是一项具有军事意义的活动。田猎时，将士们驱驰车马、弯弓骑射，进行军事技能训练，殷商甲骨文中就有大量关于田猎的记录。随着青铜冶炼技术的发展，矛、戈、戟、斧、钺、刀、剑等精良兵器开始出现，大大增强了武术的杀伤力。商朝还利用"武舞"来训练士兵、鼓舞士气，形成了四面八方的臣民来殷习武的局面。

西周建立后，周天子为了维护贵族专政，对贵族子弟进行"六艺"训练。所谓"六艺"，即礼、乐、射、御、书、数，其中"乐""射""御"都是与武术有直接关系的训练内容。"射""御"分别指射箭和驾驶战车；"乐"则是自周朝开始的一种音乐、舞蹈，在后来的武术基础套路和传统套路中也能见到，足见其影响深远。另外，还请著名的将帅讲授武术课程，武术文化教育的气象由此萌生，武术文化开始成为中国古文明的一部分。

春秋战国时期，是一个诸侯纷争、列国图霸的时期，也是武术的格斗技能迅速发展的时期。当时，各诸侯国"以兵战为务"，对拳技、臂力、筋骨强壮出众者都很重视。据《管子·小匡》记载，为使齐国强盛，齐国宰相管仲实行兵制改革，责令官兵进行实战性武技训练，凡是民间有拳勇而不报告者按隐匿人才问罪。为了发掘人才，每年春秋两季，齐国都会举行全国性的"角试"，选拔武艺高强的人才充实到军队中去。经过训练的齐军举兵如飞鸟，动兵如闪电，发兵如风雨，前无人敢阻，后无人敢伤，独出独入，如入无人之境，使齐国在一段时间内成为霸主。

在这一时期，武术教学有了很大的发展，《列子·汤问》中有"纪昌学射"的故事，其将学射的教、学、效果评估三步一气呵成，成就了古代武术教学难能可贵的一页。甘蝇是古时一个著名的射箭高手，他只要一拉开弓，野兽就要伏在地上，飞鸟就要掉下来。甘蝇的弟子飞卫曾向他学射箭，学成之后比他的本领还高。后来纪昌要拜飞卫为师。飞卫对纪昌说："你先要练习不眨眼的本领，有了这个本领再来跟我学。"纪昌回到家，仰面躺在正在织布的织机下，两眼不眨地盯着踏板。就这样一天，两天……两年过后，纪昌终于练好了不眨眼睛的功夫，便去拜见飞卫。飞卫说："这还不行，还要学看的本领，要能把小的东西看得很大、很清楚，然后再来找我。"纪昌回到家，用一根牛尾毛捆住一个虱子，挂在窗口上，每天都盯着它看。又是一天、两天、三天……三年过去了，他竟然能把一个虱子看得像车轮一样大。再看其他物体，也都能把它们看得很大。纪昌拿来一张弓，搭上箭，向虱子射去，箭正好从虱子正中间穿过去，而挂虱子的牛毛却没有断。纪昌连忙去找飞卫，飞卫高兴地说："你学会了射箭的真本领。"

奴隶制度的崩溃使军事武艺逐步流入民间，武术技艺开始以个体为基础向多样化发展。为了提高武术技能，习武者之间比试武艺已经非常普遍并很讲究攻防技巧，打法也出现了进攻、防守、反攻、佯攻等。而且，随着武术的发展及其技术日趋完善，从实践中总结出来的武术理论也开始形成。

《吴越春秋》中记载越国有一位著名的女击剑家。她不但剑技出众，而且有一套技击理论。其剑术理论阐明了其中动与静、快与慢、攻与防、虚与实、内与外、逆与顺、呼与吸等矛盾双方的关系，是技击理论的千古经典，也成为后代剑法的基本要诀。

值得注意的是，剑术不仅在春秋战国的战场上发挥着临阵杀敌的重要作用，而且是一种表演艺术。无论是临阵杀敌，还是击剑娱乐，剑术的好坏都关系到格斗者的生死存亡，所以，这时的剑术都是非常实用的实战技术，没有半点华而不实之处。在格斗时，往往先以假动作欺骗对方，等到对手开始动作时，自己再动手。不动则已，一动就疾如闪电，这样虽然是后发制人，却往往抢在对手之前击中对手。庄子曾评价剑术说："夫为剑者，示之以虚，开之以利，后之以发，先之以至。"由此可见，早在 2000 多年前，中国就已有较为成熟的技击理论，这标志着中国武术体系在这一时期逐步形成。

二、武术的特点

通过对武术概念的讨论明确了武术的两个最主要的特点，即武术技术上的技击特点和文化色彩上的民族特点。

（一）武术的技击特点

武术是由人的技击自卫发展而成的，具有攻防技击性是它技术上最主要的特点，在流传的过程中，武术始终围绕着这个特点发展。武术不仅有对抗性练习、套路练习的形式，还有单人练习、双人和多人练习的方法，且拳种丰富、器械多样，汇集了中华大地上不同地域、不同民族使用不同器械进行攻防技击的技术，这是任何其他的体育项目所无法比拟的。武术正是具备了这样的特点，有此本质属性，才得以区别于其他的体育项目。

在以冷兵器为主要攻击器械的时代，武术的技术来源于技击实践，经过不断的加工、提高，再运用于技击实践，是历史上武术发展的基本线索。随着火器的逐步发展，武术直接的技击价值逐步减小，但在近代各拳种中仍然保持了技击这个技术特点，仍体现了各种技击方法和力法，并且在各自的拳理中反复强调技击的理论。例如，太极拳这种轻灵舒缓的拳种，其动作和传世的拳谱也都充分体现了武术的这一基本特点，并且发展了独特的具有技击对抗性的推手运动。

武术的技击特点使武术形成了完整技术体系，即包括套路练习和对抗性练习以及其他相关的训练方法。这个特点还是决定武术动作规格的基本依据，武术的力法讲究刚柔相济，这同样是由其技击特点所决定的。清吴殳在《手臂录》中说"攻为阳，守为阴"，一般说来攻时奋力突进，守时柔中有刚，刚柔相济，不可偏废，是各拳种共同的要求。由于从体育的观念出发，受到竞赛规则的制约，今天武术的技击价值已不能和冷兵器时代同日而语。随着竞技武术技术的发展，武术套路中很多动作的技术规范与技击原形不同，或者因动作连贯及演练技巧的需要，穿插了一些不具备攻防意义的动作，但通过一招一式，表现攻与防的内在含义与精神仍然是套路技术的核心，技击特点仍将作为武术技术的最基本特点而长期存在。

（二）武术的民族文化特点

武术产生、发展于中国，在此过程中受中国传统文化背景的影响，各方面都带有浓厚的中国传统文化色彩，这表现为它的民族文化特点。

1. 中国传统文化背景决定了武术套路的产生

从广义上看，武术是一种自卫的技击术，就技术而言武术套路是为了便于传授、记忆和训练而产生的。但世界上各个国家和民族都有各自的技击术，那里的人们和中国人有相同的人体结构，使用相似的技击器械，那里的技击术和中国武术都要遵循相同的人体运动规律和器械运动规律，故每个技击动作也必然是相同或相似的，但为什么世界其他国家没有像中国这样产生完整、丰富的套路，并流传至今呢？这显然与中国的传统文化背景有关。

中国人追求道，而道有原则、方法、方式、路数之义。这种对"道"的追求在一定程度上表现为对程式化的追求，以武术技术的形式表现出来，就出现了武术的套路。其次，崇礼是武术套路产生的伦理基础。中国人崇尚"礼"，礼指某一时期的典章制度，也包括人们的行为规范、规矩、礼节，它影响到中国人的政治、伦理、道德、礼仪、民俗和人们的生活习惯，进而影响到人们的思维方式。这样就使得中国人上自国家大典，下至百姓生活，无论多细小的礼节都要有一定的规格和程序，使人们的一举一动高度程式化，这也就促使武术演练出现了套路化的运动形式。最后，中国人重视传承，尊师敬祖，而程式化的套路又便于承传，这更使武术便于延续和发展了。

2. 刚健有为的民族文化精神

中国传统文化的基本精神有多方面，而刚健有为的精神是尤为重要的，它是中华民族的心理要素，表现出刚健有为的精神气息，包括自强不息和厚德载物两个方面。

这种精神在武术中得到了充分的体现。武术是一种人体运动，也是一种技击术，必然崇尚勇武，追求制胜。传为宋人调露子所撰的《角力记》中说："夫角力者，宣勇气，量巧智也。然以决胜负，骋矫捷，使观之者远怯懦，成壮夫，已勇快也。"无论是对习者还是对观者都倾注了一种勇武顽强、一往无前的强者争胜的精神，即便是以动作轻柔缓慢为技术特点的太极拳也是如此。清武禹襄在《太极拳解》中说："气以直养而无害，劲以曲蓄而有余。""气以直养而无害"一语出自《孟子·公孙丑上》这里的"气"是指人的气质和意志。孟子要人们培养"集义所生"的浩然之气。陈鑫说："何谓气，即'天行健的'一个'行'字……即乾坤之正气，亦即孟子所谓'浩然之气'。"他在论述搂膝拗步时说："此势得乾坤正气以运周身，外柔而内刚，实与乾健坤顺相合。"可见习武者无论是外在的技术，还是内在的心态，都体现了一种积极的刚健有为的精神。精于武术的明代学者颜元大声疾呼："一身动则一身强，一家动则一家强，一国动则一国强，天下动则天下强。"此呼声至今振聋发聩。

3. 内外合一，形神兼备

既讲究动作的形体规范，又要求精气神传意，内外合一的整体运动观是武术的一大特点。所谓"内"指人的"精、气、神"；所谓"外"指由人体骨骼、关节、肌肉所组成的运动系统，以及由运动系统完成的各种动作。

论及"内练"常涉及"精、气、神"的问题，这和中国的养生术有关。《老子》中说："是谓深根固柢，长生久视之道。"《吕氏春秋》中说："精气日新，邪气尽去，及其天年，此之谓真人。"道教的经典《太平经钞》中说："精、气、神三者混一，则可延年长生。"为肉体成仙而求长生虽是妄说，但其养生的理论却有科学依据。在武术的动作要领中通常有调整呼吸，使呼吸和动作相互配合的内容：长拳技法中要求"气宜沉"，并有"提沉聚托"四种呼吸方法；太极拳要求"宽胸实腹""意注丹田"；南拳要求"沉气实腹""发声呼喝"；形意拳要求"松胸实腹，呼吸自然"；八卦掌的"三病"之一就是"努气"，即"憋气"。各拳种都把运气调息和动作配合放到了一个很重要的位置，不仅是为了使动作更加自如，而且是为了通过呼吸运动使人的循环系统和其他内脏器官得到锻炼。把"精、气、神"加上力和功，与"手、眼、身、法、步"对应起来，作为训练的要求，这是养生理论和武术理论及训练方法相互结合、相互渗透的结果。一个武术动作或一系列武术动作，总是由人体四肢、躯干的不同方式的运动来完成的，这就构成了外在的"形"，并且要通过这个外在的"形"来表现出内在的"神"。而中国人往往把主体内在的情感的表现放在中心的位置。无动作外在的"形"，就无从表现内在的"神"；若徒有动作外在的"形"，而缺乏或不能很好地表现的内在的"神"，其动作也必然是一个肤浅的、缺乏内在力度的"形"。

"形""神"的问题原是中国传统哲学中的重要范畴。中国传统哲学强调人与自然的统一、和谐，重内、重合。中国武术之所以重视和谐，重视形神兼备，重视内练和外练相结合，都是中国传统哲学原理在拳理中的反映，是中国传统文化特点在武术中的反映。

4. 多种拳种并存

武术内容丰富，多种拳种并存，且一个拳种又常有多个流派，体系庞杂，形成这种情况的原因是多方面的。

首先，这是一个文化地理的问题。处于不同地理位置的人，当地地理条件，包括气候条件不同，他们文化的产生和发展也不尽相同。中国地域辽阔，东西南北之间地理条件差异很大，产生了不同地域人之间性格、民俗和文化特征的不同，正所谓"百里不同风，千里不同俗"。况且中国地理环境复杂，古代交通不便，不同地域人之间的交流较困难，形成了许多地理环境相对较封闭的地区，因此在中国不同地区所产生的各具特色的拳种在当地相对独立地发展，虽然其技击的规律是相同的，但其风格、趣味有较大的区别。南方拳种与北方拳种有着不同的风貌，而位居其中的湖北号称九省通衢，在古代为南北交通要冲，因此，在湖北流行的拳种往往兼有南北拳种的特点，这同样是文化地理的因素造成的。

其次，由于古代中国长期的宗法制度和家庭本位主义，敬祖亲子，重视血缘关系，使家庭具有凝聚力和排他性。不同行业行会的成员中，许多人之间虽并无家庭血缘关系，但会使之具有了家庭的组织特色和类似于血缘关系的色彩。这种情况在不同拳种的流传过程中同样存在，一方面使拳种的发展更加封闭，缺少外来的营养；另一方面为不同拳种相对独立地传承提供了条件。

最后，因为古代中国长期处于小农经济的封建社会之中，许多地区商品经济不发达，人们自给自足，这种自然经济的形态阻碍了人们之间的交流，使人们的思想趋于保守，这也使不同地区的相对独立地发展成为可能。

中国武术拳种繁多是中国传统文化发展的必然结果，而随着社会的进步，人们交往逐渐频繁，民风民俗也发生了变化，人们的思想状况和生活方式发生改变，各拳种之间的交融不仅不可避免，而且早已发生，这种交融还将以更快的速度进行下去。

三、武术的发展

（一）古代武术的发展概况

1. 先秦时期的武术

商周时期青铜器工艺已经发展到较高的水平，加上频繁的战争，军事武艺得到快速发展。商周时期战争的主要形式是车战，战车为两轮四马，方形车厢，上立三位甲士。左方为一车之首，称"车左"，又称"甲首"，持弓箭主射；右方甲士称"车右"，又称"参乘"，执戈、矛作战；中间为御者。战车上的武器还有戟、殳、剑。《晏子春秋》曰："戟拘其颈，剑承其心。"可见当时既有弓箭远射，又有长兵击刺，还有短兵相接。《楚辞·国殇》曰："操吴戈兮被犀甲，车错毂兮短兵接；旌蔽日兮敌若云，矢交坠兮士争先。"战争的发展也促进了盾的发明和改进，盾有大小形状不同之分，称为"五盾"。为了步战的需要，短兵、拳搏、角力也得到了较大的发展。武士教育也是学校教育的一个重要部分。

另外，西周射术与礼乐相结合而形成"射礼"。射礼共有四种：

（1）大射，天子与诸侯在举行盛大祭祀之前为选拔参与祭祀的人而举行的射礼；

（2）宾射，诸侯来朝天子或诸侯互相拜见时举行的射礼；

（3）燕射，天子、诸侯娱乐、宴会时的射礼；

（4）乡射，乡大夫举行乡饮酒礼时举行的射礼。

这四种射礼根据身份不同使用不同的侯（箭靶）：天子用虎侯，诸侯的用熊侯，大夫以下用豹侯。每人皆四矢，设置众多职事人员管理竞赛，如司射（掌握射法、测量距离），梓人（制侯张），太史（点记射中的箭数），司常（举旗报告射中成绩），射鸟氏（取回射出之箭），车仆（供应报靶、记分者的护具），大司乐（在射箭竞赛中奏乐）等。

春秋战国时期，中国武术体系初步形成。随着战争方式由车战渐变成车、步并用，进而发展成以步骑为主的形式，武技的社会功能也向多样化发展，武术的表演性、竞技性、娱乐性和健身性等，形成了多样的武术文化。这一时期人们斗剑成风，不但涌现出越女、庄子等击剑高手，还造就了一大批侠义之士，如荆轲、专诸、曹沫、聂政等。最重要的是出现诸如《孙子兵法》《吴子兵法》《孙膑兵法》《司马法》《尉缭子》《六韬》等军事巨著。同时，随着斗剑之风的日益盛行，兵器的制造技术越来越高超，制造出的武器也越来越精良，而且具有地域特色，正所谓"郑之刀、宋之斤、鲁之削、吴粤之剑，迁乎其地而弗能为良，地气然也"（《周礼·考工记》）。《越绝书·越绝外传记宝剑》中详细记载了湛卢、纯钩、胜邪、鱼肠、巨阙及龙渊、太阿、工布等名剑的特色与神异，如巨阙，能穿铜釜、绝铁、纯钩，"扬其华，淬如芙蓉始出，观其光，浑浑如水之溢于塘"。20世纪出土的"越王勾践剑"，历时两千余年仍光华灿烂、锋利无比，可为确凿物证。

由于战争的频繁发生，尚武强兵一直是每个国家或民族的主要政策，国家之间互相学习，取长补短，如赵武灵王推行的"胡服骑射"。民族之间的这种互相学习、交流促进了武术的发展，同时促进了武器的改进。

2. 秦、汉、三国时期的武术

公元前 221 年，秦统一六国后，开始收缴天下兵器。《过秦论》载："隳名城，杀豪杰，收天下兵，聚之咸阳，销锋镝，铸以为金人十二，以弱天下之民。"这些举措大大限制了民间武术的发展，但是在暴秦的残酷压迫下，农民起义不断爆发，在没有武器的情况下，起义军只好"斩木为兵，揭竿为旗"。而秦军则"阻险不守，关梁不阖，长戟不刺，强弩不射"，最终灭亡。

汉代，刀、剑、相扑、角抵活动开始东传日本，武术已经上升到理论高度的技术内容。《汉书·艺文志》把当时的兵书归为：兵权谋十三家二百五十九篇，兵形势十一家九十三篇，兵阴阳十六家二百四十九篇，兵技巧十三家一百九十九篇。其中，兵技巧中就载有大量的射法和武术技法，如《逢门射法》两篇，《阴通成射法》十一篇，《李将军射法》三篇，《魏氏射法》六篇，《强弩将军王围射法》五篇，《手博》六篇，《剑道》三十八篇等。

由此可见，当时的武术已经不再局限于过去那种口传心授的方法。从史料看来，武术技法已经达到了非常高超的地步，不但有兵器的对练，甚至出现了空手夺白刃的技法。

到汉代，武术套路的雏形已经基本形成。从著名的鸿门宴上，范增秘授项庄假以剑舞为名，行刺沛公之实来看，当时剑术套路已流行于军中。汉代沂南墓剑饰图中帝王欣赏剑士舞剑也充分说明了这一点。另外，兵器的对练、角力、练力、试力、比武已经相当流行并发展壮大起来。随着骑兵的发展，剑已经不适应于马上作战，刀逐渐代替剑在军事舞台上的地位，剑以其他非军事用途继续发展下去，佩剑之风盛起，而且有严格的佩剑等级制度。

至此，武术已发展为两大类别：一类是具有攻防格斗作用的、实用性较强的技术动作，紧密围绕军事技术的发展而发展；另一类则是适应表演需要，把攻防技术反复加工提炼而逐渐形成的套路技术。套路技术的艺术性较强，具有固定的动作次序，既有单练，也有对练；既有短兵对短兵，也有短兵对长兵等形式。这样，在军事方面具有实用性的套路与以表演为主而突出演练技巧的套路，都有了各自的生命线，因而长期不衰。

3. 两晋、南北朝时期的武术

两晋、南北朝是中国历史上剧烈动荡的时代，也是各民族大融合的时代。匈奴、鲜卑、羯、氐、羌等西北民族纷纷进入中原，相互混战，先后建立十余个政权，史称"十六国"。汉族政权南迁以后，先后有东晋、宋、齐、梁、陈五个朝代。而北方则由鲜卑等民族建立了北魏、北齐、北周等朝代。南北对峙近 300 年，史称南北朝。这一时期战乱频仍，促进了军事武术的发展，特别是民族间的战争使得各民族间的武艺得到了发展与交流。

两晋兵制继承汉魏兵制，士兵全家为兵，武艺家传促进了武艺的提高。另外，世家大族和地方豪强为了自卫或扩大势力，建立"坞壁"，农民成为依附豪强的"部曲"，经常练兵习武，使得武艺在民间推广。

由于作战兵种以骑兵为主，所以马上兵器如矛、矟等长兵器得到了发展，较之以前更长、更重，称为"丈八矟。"傅玄《失题》诗有"弄我丈八矟"，《释名》曰："矛长丈八曰矟，马上所持。"刀剑等短兵器也发展较快，而且其运用不仅局限于兵器，还被赋予新的意义。晋人多佩带刀剑，有的用木剑代刀剑，此时的刀剑除了作为兵器以外还作为饰物。《宋书·礼制》："剑者，君子武备……自人君至士人，又带剑也。自晋代以来，始以木剑代刃剑。"

各朝君王都重视习射、练武。《南齐书·礼志》："秋金之节，讲武习射。"人们习射主要有两点：练准，练力致远。由于弓矢威力强大，可以对敌人起到威慑作用。《周书·蔡祐传》记蔡祐在一次战斗中被东魏人围困，"乃弯弓持满四面据之，东魏人弗敢逼。乃募厚甲长刀者直进取祐……敌人渐进，可十步，祐乃射之，正准其面，应弦而倒，便以刺杀之敌乃稍却，祐徐引退"。

此时的拳术也有非常高超的技艺。《魏书》记载："孝文帝有膂力，年十余岁，能以指弹碎羊髀骨。"《梁书·杨侃传》记载："侃少而雄勇，膂力绝人，所用弓至十余石。尝于兖州尧庙，踏壁直上至五寻，横行得七迹。泗桥有数石人，长八尺，大十围，侃执以相击，悉皆破碎。"同时，娱乐性武术发展也较快，拳术套路雏形已经出现。《魏书·奚康生传》记载："正光二年三月，肃宗朝灵太后于西林园，文武侍坐，酒酣迭舞，次至康生，康生乃为力士舞，及于折旋，每顾视太后，举手、蹋足、瞋目、颔首为杀缚之势。"生动描述了拳术的动作神态。为躲避战乱，许多寺院、道观开始组织习武，武术与佛教、道教的结合是这一时期的特点。

4. 隋唐五代十国时期的武术

隋朝结束了中国数百年的分裂割据，完成了统一，使府兵制更加完善，唐朝沿袭此制，其特点是"寓之于农""兵农合一"。府兵从一般民户中选取，这实际上将兵源、武器装备、习武活动扩展到了整个国家的基层，无疑对武术的发展起到了推动作用。

武则天创立武举制度，把武术的发展推向高潮。武举制度大大提高了民间练武的热情，这在中国历史上功不可没，使得武术更加精练化、规范化。武举的内容有长垛、马射、马枪、筒射、步射、穿箚、翘关、负重、才貌、言语。

盛唐时期尚武任侠之风，涌现了一大批游侠少年，同时唐朝文化与武术也结下了渊源，出现了大量描写武术的唐诗。例如，李白《侠客行》："十步杀一人，千里不留行。"贾岛也在《剑客》中写道："十年磨一剑，霜刃未曾试。今日把示君，谁有不平事。"白居易《李都尉股剑》："愿快直士心，将断佞臣头。"杜甫的《观孙大娘舞剑器行》详细描述了剑器舞的奇妙之处。由于少林十三僧救唐王李世民，佛教界习武更盛，少林武僧也闻名于世。角抵又兴起，而且盛况空前。《隋书·炀帝纪》："大业六年春正月丁丑，角抵大戏于端门街，天下奇伎异艺毕集，终月而罢，帝数微服往观之。"唐代的君王大多也喜好角抵，将其作为宫廷娱乐节目，与飞剑、走索、旱船、击鞠、杂戏等一同表演。远射兵器有弓射、弩射、弹丸射、抛石机等。武舞和武术套路得到了进一步发展。

此外，刀制代替剑制，一段时间后，枪成为阵战的主要兵器。徒手格斗的角力、角抵、手搏、相扑逐渐兴盛，东传日本，对日本武道发展贡献极大。

5. 两宋时期的武术

两宋时期的武术特点表现为武艺发展多样化。军事武艺继续沿用武举制，招募优秀士兵入伍，进行统一训练，并且有完善的考核制度。弓箭等远射兵器已达高峰，最强的三弓床弩，所用的箭"木干铁翎，世谓之一枪三剑箭""以其射著城上，人可踏而登也"，射程可远达三百步。在短兵器上，日本的手刀大量输入中国。宋元时期不仅军事训练规范、系统，而且兵器种类大增。民间出现了大量的武艺结社组织，如"弓箭社"等。见于记载的有"锦标社"（射弩）、"英略社"（使棒）、"角抵社"（相扑）等，这些社团因陋就简，"自置裹头无刃枪、竹标排、木弓刀、蒿矢等习武技"（《宋史》卷一九一）。据《栋亭十二种都城记胜》所载，他们在城市中街头巷尾打场演武，十分热闹，表演的武艺有角抵、使拳、踢腿、使棒、弄棍、舞刀枪、舞剑及打弹、射弩等。对练叫"打套子"，有"枪对牌""剑对牌"等。这时，集体项目也发展较快。

例如，《东京梦华录》卷七记载："两人出阵对舞如击刺之状……出场凡五七对，或以枪对牌、剑对牌之类。"但对抗性的攻防技术由于受宋理学家倡导"主静"的影响，逐渐走向衰微。

随着两宋经济的发展，民间练武结社的习武活动逐渐兴起，如"英略社""弓箭社""角抵社"等。在城市一些专门性的群众游艺场所——"瓦舍""勾栏"，出现了大量的以卖艺为生的民间艺人，其内容不仅有单练套路，还有对练表演，极大地促进了武术向套路方向发展。当然，这些场所少不了角抵表演。

理论方面著有军事名著《武经七书》和《武经总要》，军事组织、军事制度、步骑教练、行军、营战、战略、战术、武器制造和使用、军事地理等都有所论述。

6. 辽、金、西夏及元代武术

契丹、党项、女真及蒙古诸族均极重视军事。契丹兵制，凡男子十五岁以上、五十岁以下，皆隶兵籍。蒙古族在备受金朝残酷压迫下奋起斗争，擅长骑射的蒙古族人民，更是全民皆兵，男子从十五岁到七十岁都要入伍，成吉思汗把其臣民按十户、百户、千户、万户的军事组织编制起来，加上骑射精通、武器精良，他的军队所向无敌，他也借此建立了一个强大的蒙古帝国。

元代文艺戏剧的发展给武术套路提供了生长的土地。元代戏剧中有很多武打场面，如"三英战吕布""单鞭夺槊""关大王单刀会"等，促使武术向套路方向发展，为后来武术套路发展打下基础。元政权建立后，沿袭汉族武制，选拔军事人才。但是他们在重视朝廷习武练兵的同时，为巩固统治，禁止民间习武及私藏武器。武艺多以秘密家传的方式冒着生命危险进行传授，阻碍了武术发展的步伐，但是，民间武术仍然艰难地向前发展。

7. 明代武术

元末农民大起义推翻了元朝的统治，朱元璋于 1368 年建立明朝。明朝建立以后，蒙古瓦剌部长期与朝廷处于敌对状态。日本封建诸侯支持日本西部地方破产的封建主、武士、浪人、商人等到我国中南沿海进行抢、掠、烧、杀的海盗活动，史称"倭寇"。在此情况下，军事训练被重视起来。唐顺之的《武编》、俞大猷的《正气堂集》、戚继光的《纪效新书》和《练兵实记》、何良臣的《阵纪》、郑若曾的《江南经略》等一批武术及军事名著正是在这种背景下，由军事训练及战争实践的检验总结而产生的。民族英雄、著名军事家戚继光、俞大猷等人成为在武术实践、武术理论上颇有建树的武术先行者。明代武术不再仅以刀、枪、棍分门别类，在全国范围内已形成了诸多风格迥异的流派，十八般武艺有了具体的名称内容。因此，明代是武艺大发展的时期，出现了不同风格的技术流派，拳术、器械都得到了发展，武术项目之多是过去所无法相比的。明代万历年间，谢肇淛在《五杂俎》中概括为"十八般武艺"，即"一弓、二弩、三枪、四刀、五剑、六矛、七盾、八斧、九钺、十戟、十一鞭、十二锏、十三挝、十四殳、十五叉、十六耙头、十七锦绳套索、十八白打"。特别是在理论上总结了过去的练武经验，具有代表性的著作有《纪效新书》《武篇》《耕余剩技》等。这些著作不同程度地记载了拳术、器械的流派、沿革、动作名称、特征、运动方法和技术理论等，有的还附有歌诀及动作图解，为后世研究武术提供了重要依据。这标志着中国武术体系的形成。

8. 清代武术

鸦片战争的炮火轰开中国的大门后，清政府意识到火器的厉害，在强调骑射、长枪等训练的同时，军队开始配备洋枪、洋炮。至甲午战后编练的"新军"，已全部采用新式火器。光绪二十七年（1901年），清政府宣布废止武举制，武术总体上退出了军事技术范畴。同时，民间武术开始逐渐兴盛，已失去军阵格杀价值的冷兵器大量流入民间，成为反清抗暴、自卫身家的兵器，也成了白莲教、天地会、清水教、义和团等组织的主要装备，促进了武术的发展。

清代统治者禁止练武，民间则以"社""馆"的秘密形式传授武艺。武术与传统文化结合，产生了许多武术流派，诞生了近百个拳种，如太极拳、八卦掌、形意拳、查拳、太祖长拳、洪门拳、翻子拳、螳螂拳、虎拳、鹤鸣拳、少林拳等。武术名著有《手臂录》《拳经·拳法备要》《内家拳法》《苌氏武技书》《六合拳谱》《太极拳谱》等。另外，对武德提出了明确的要求。

明清时期，火器在军中的出现使得武术与军事武艺逐渐分离开，并在更广阔的民间开花结果，从而迎来了武术的集大成发展时期，使得武术文化的完备形态在此期间最终形成。主要标志是：武术拳种流派的形成、武术内功的形成、武术套路的形成、内家拳的出现，以及对武德的明确要求等。

（二）近代武术发展概况

近代中国时局动荡，战火不断，在这段特殊的历史时期，中国武术虽然受到了一定程度的负面影响，但在"强国强种"理念的号召下，曾一度兴盛。它的发展特点有二：一是以城市为中心，推动武术的普及和发展；二是在近代文化思潮的影响下，武术开始沿着科学化、规范化的方向演化。由于备受外国列强的欺辱，许多有识之士倡导"强国强种"。一些社会名流和教育家广揽武术人才，出面集结以推广和研究武术为宗旨的武术组织，对传播和发展武术起到了积极作用。1910 年，在上海成立"精武体育会"。1911 年，在北京成立北京体育研究社，同年在天津成立了中华武士会。1915 年 4 月，在天津召开的"全国教育联合会"第一次会议上，通过了北京体育研究社许禹生等提出的《拟请提倡中国旧有武术列为学校必修课》议案，国家明令"各学校应添授中国旧有武技，此项教员于各师范学校养成之"。至此，源远流长的中国传统武术正式进入学校教育，成为学校体育课程中的一项内容。1928 年国民政府在南京成立的中央"国术馆"等，为社会培养了许多武术专业人才。1924—1935 年，历届全运会上武术都被列为正式竞赛项目。1936 年，中国武术队赴柏林第 11 届奥运会表演。这些为中华人民共和国成立后武术运动的发展起到了重要的承前启后的作用。

然而，旧中国处于半殖民地半封建社会时期，政治、经济、文化、教育，都受到帝国主义和封建主义的影响，武术受到严重的摧残，到中华人民共和国成立前夕，它已经沦落到奄奄一息的地步。

（三）中华人民共和国成立后武术的发展

中华人民共和国成立后，武术被作为优秀民族遗产加以继承、整理和提高，成立了各级武术协会，国家设有专门机构负责开展武术运动，将武术列为正式比赛项目。1953 年，举行了第一届全国民族形式体育表演竞赛大会，接着又举行多次全国性武术比赛或表演大会。为了推动武术的普及和发展，从 1957 年开始，国家体委组织部分武术家组织创编了比赛规定套路，编制了群众武术活动所需要的初级套路如简化太极拳等，出版武术书籍和挂图，拍摄武术影片和录像。为探讨武术运动锻炼的价值，还组织有关武术运动员生理的测定和研究，使其逐步科学化。此外，各体育学院、体育系相继设立武术课和武术专业班，大中小学也把武术列为体育课教学内容，青少年业余体校也建立武术班，各地武术协会设立各种形式的武术辅导站，吸引着大批武术爱好者习武健身。

20 世纪 80 年代改革开放之后，武术事业迅速发展。武术已进入各级学校，同时挖掘、整理出许多武术遗产。武术沿着科学化、规范化和社会化的方向健康发展。我国武术正在走出国门，并迅速在世界范围推广开来。这具体表现在以下几方面。

1. 武术管理体制的形成与完善

现代体育文化形态的特征就是高度的社会化和组织化。中华人民共和国成立后，武术运动的发展同样表现为高度的组织化，使得武术大踏步地走出国门，并迅速在世界上推广开来：1952 年设立了民族形式体育研究会，1958 年在北京成立了中国武术协会，1986 年在北京成立了国家体委武术研究院，1994 年下发了《国家体委武术协会更名为国家体委武术运动管理中心的通知》。

2. 武术竞赛体系的形成与完善

1953 年 11 月，在天津举行了以武术为主要内容的竞赛大会；1985年，国家体委颁布、实施了武术运动员等级标准；从 1990 年第十一届亚运会开始，武术成为亚运会的正式比赛项目；1998 年，第十三届亚运会上，散手列为正式竞赛项目。

第二节　武术文化的起源与发展

一、中国传统武术文化的起源

武术作为一种文化形态，有其自身独特的本质和特征，其思想内涵、文化内核是系统的、连续的，是五千年中华文明的重要组成部分。要理解中国传统武术，可以从以下两方面着眼：

其一，武术是一种优秀的民族传统文化，它以中国文化理论为基础，与中国古典的哲学、美学、伦理学、兵法学和中医学有着密切的相互渗透的渊源。

其二，武术是一种独特的运动文化。武术深厚的文化积淀，独特的运动风格，博大的内容体系，复杂的功能结构，是其他任何体育文化都不具有的。

随着时代的进步和社会的发展，中国武术日益受到中国传统文化的影响，并与中国传统文化渐渐融合，表现为武术在观念形态上受传统思想指导，在运动方式上受传统文化的制约。中国武术在传统文化总体环境诸因素的相互影响中发展，既反映出传统文化的共性特征，又有自身的独特性。中国传统武术文化正是随着传统武术的不断发展而渐渐形成的，并不断丰富着传统武术的内容。

中国传统武术文化是中国传统武术观念形态、武术的运动方式和武术精神的物化产品的总称。中国传统武术文化作为武术观念形态，反映着人们的世界观、思维方式、心理特征、价值观念、道德标准、认识能力，是民族精神的结晶。中国传统武术文化可以不断地物化在某种物质上，凝结在武术技巧、武术器械、武术训练方法及规则、服饰、场地等物质的、制度的和理论思想等诸构成因素中，并通过人的武术运动方式和精神文化产品反映出社会的价值观念、道德观念、心理特征和思维方式等。

中国特色的武术运动方式是形成中国传统武术文化的基本条件，这种运动方式是通过武术动作发挥人的体力和技术优势的战斗动作，通过攻击和防卫的统一形式及这一形式的高、难、美的套路组合形式反映出武术文化固有的、独具特色的文化特征。从某种意义上来说，攻防统一的人体动作反映着武术文化的本质。

传统武术文化是中国文化的独有产物，具有独具特色的文化模式。其特色主要表现在两个方面：一方面，武术运动方式反映出民族性特征，武术精神文化产品也反映出传统文化特征；另一方面，武术文化观念是同东方传统思想相结合，以中医理论为基础的，具体如下。

（一）武术运动方式充分呈现出民族性特点

中国传统文化对武术运动方式有着深刻的影响，这种影响不仅体现为武术活动自然地接受文化环境熏陶，更主要的是历代武术家自觉运用中国传统规范技法，阐述原理，达到文武合一、交融一体的程度，并且通过武术的技击性特点反映出来。

中国武术提倡"刚柔并修之道，虚实攻守之学""始以至实用"的技击之术。技法成为武术最突出的特征，也体现了中国文化的深刻影响。武术的技击方法、攻防技术的运用，是通过身体的运动来实现的，其特点是通过动静变化规律来实现千变万化的技法。古代中国人奇正相生、快慢相接、虚实分明的动静观是武术技击的技术原理，也决定了武术的运动风格，因而武术讲求方法巧妙，倡导巧力而斥拙力。正是由于武术运动方式充分呈现出民族性特点，中国传统武术文化才兼收并蓄，体现出博大精深的特点。

（二）中国传统武术文化与中国传统思想相融合

中国传统武术文化与中国传统思想相融合，形成了内外兼修、术道并重的鲜明特色。出色的传统武术表演，能使人感到健力美、技巧美、神韵美与武德美的和谐统一。中国武术中以静制动、以柔克刚、后发制人、引人落空、四两拨千斤等战略原理和虚实结合、进退守攻等一系列技法，无不体现其内外兼修、术道并重的特色。

中国传统武术文化的起源通过中国武术与传统的、深刻的中国哲学思想及宗教相融合而反映出来。中国古代诸子百家的思想对于武术文化有着极大的影响，两极说、阴阳说、刚柔说、三才说、四象说、五行说、自然说、形神说、天人合一说等在中国武术中表现得淋漓尽致。例如，"太极"是中国哲学中的术语，而"太极拳"是以太极之理立论的一种拳术；又如"八卦拳"就是以八卦的八个方位和人体各部位相对应以立名、借易理来说明拳理的，这些都充分体现出中国传统武术文化内外兼修、术道并重的特点。

（三）中国传统武术文化受到传统中医理论影响

中国传统武术文化以传统中医理论为基础，主要体现为"三论一说"的特点。中医理论的基础是"三论一说"思想，即人与自然为一体，人是自然的一部分的理论；人是一个统一整体的理论；人的元气理论以及经络穴位学说。中国武术文化也正是以其为理论基础，把养身健体、修身养性与技击融为一体，强调动静结合，刚柔结合，运动中喜欢模仿动物的动作，用的是直观的思维方式，圆形、环形、球形的运动居多，这一切均体现出"天人合一"的思维方式。

二、中国传统武术文化的传承与保护

（一）中国传统武术文化的变化与更新

中国传统武术文化不是一个固定的概念，在历史传承中会发生变异，并不断被赋予新的内容。中国传统武术运动基础理论是多元化的，它既吸收了道家、儒家的哲学思想，又涉及传统医学、诸种兵法的内核，还融入了佛教的思想，形成了内涵深、层次纷杂的庞大的理论体系。中国传统武术文化的变异与更新过程给现代武术文化的创新提供了借鉴和启迪。

此外，中国传统武术文化在传承的过程中，不仅需要增添新的内容、新的典范，而且需要对异质文化进行吸收和融合。毋庸置疑，中国传统武术文化同西方体育文化的差异和冲突是明显的，西方体育文化是以古希腊文化为发展背景的，经过欧洲文艺复兴和19世纪的工业革命，形成了一种以自由竞争、平等博爱和宗教思想为核心的海洋性民族文化。在其影响下，几乎全部的西方现代体育项目都有这一特征。而中国传统武术文化，是以自然经济为基础、以家庭为背景、以儒家思想为核心的，是一种处于封闭状态的大陆性民族文化。这种文化的特点是主张仁爱忠恕，提倡温文尔雅，反对激烈的对抗与竞争，追求一种与世无争的清静无为的田园生活；西方文化进步到唯物论的层次，东方文化则发展到了辩证唯物论的层次，可以说广义的武术在理论层次上高于狭义的现代体育。

但从技术层次来讲，从科学技术发展的水平看，东方文化是大而化之，比较粗糙，唯象的东西多。例如，中国古代用金、木、水、火、土来代表实际存在的很复杂的要素，各代表一定功能，相生相克，把世界看成一个复杂的、相互联系的、相互影响的系统，这是它的高明之处；不足之处是它把事物简单化了。而西方文化则比较具体、精微，唯理的东西多，强调以定量方式搞清楚问题。因此，我们应看到东西方文化的差异与特色，在保持自己独立性和尊严以及民族风格的前提下，认真对西方体育文化进行吸收和消化。

（二）传统武术文化的传承

自党的十六大以来，我国就提出必须结合新的实践和时代的要求，"结合人民群众精神文化的需要"积极进行文化创新，"努力繁荣先进文化"，把亿万人民紧紧吸引在中国特色社会主义文化的伟大旗帜之下。随着时代的进步与社会的发展，武术的文化属性也发生了变革，因而必须用发展的眼光看待它。同时，文化本身也是一个发展变化的历史概念，这就要求我们必须在发展中寻找武术与时代的契合点，在东方文化日益崛起、东西文化逐渐交融前进的今天，探讨武术的文化传承并在更高的层次上理解它，汲取一些精粹的、先进的、适应当今社会发展的思想，使人们在运动实践中潜移默化地接受文化的启示和熏陶。

因此，作为传承中国武术文化的武术工作者，要有强烈的爱国主义精神，并要举全社会之力，为中华武术的传承而努力。要做好以下工作。

1. 武术的发展需传承其本质特征

现代武术不断吸取传统武术的营养来充实自身，既保留了武术固有的风格和特色，又融合了浓重的传统色彩。在组织专家研究对于在现行的套路比赛和散手比赛的基础上进行加工改造的过程中，要采用渐进法，稳妥地、有条不紊地进行，使之能充分体现武术的特色。武术的发展离不开武术科学理论的指导，这已是当代武术界的共识。因此，我们需要武术科学化，需要在理论上对武术的发展做出应有的科学阐述和指向。为此，有关部门和专家学者应尽快制订出有关武术的科研规划，加大武术的科研力度，使中国这项优秀的文化遗产更加科学、完善，以丰美的姿态走向世界。

2. 在理论上进行挖掘和整理

武术的传承是一项系统的工作，所以，在武术的传承中，要对传统武术文化进行挖掘与整理。技击技术是武术的核心，散手是技击技术的体现形式，对散手的挖掘与整理刻不容缓。无论在技术上还是在理论上，都应对散手进行深入的研究。在散手的发展中应博采众长，成立固定的研究机构，进行研究开发并定期或不定期开展专题的学术报告会，拓展武术生存的空间。此外，武术的传承由过去的家庭或师徒间的口授心传变为现在的理论上的总结和升华，对武术的技击原理做解剖学、生理学、生物力学及心理学等方面的研究，使武术无论从技术上还是从理论上都成为一个完整的体系。

3. 注重调动优秀拳师的积极性

文化需要传承，首先需要有"传"者。在武术文化的传承上，拳师起着举足轻重的作用，是民间武术文化传承的中坚力量。对个体拳师而言，传与不传带有很大的自发性是个人的事情。为使中华武术文化不断发展，在更大范围内传承、传播下去，应调动拳师的积极性，发挥拳师的主观能动性，使其真正为民族传统武术文化的发展尽责尽力。

4. 武术的发展需要更多的武术家

武术家是指对武术有较深的理解和认识，并具有丰富的实践经验，对武术的传承和发展起较大作用的人。历史证明，中国武术每一次质的飞跃，无不与武术家的努力有关。就武术文化而言，武术家的贡献，既表现在武术套路、招式的理论改进上，又表现在武术文化的传承、传播上，更重要的是体现在新拳式、拳类的创新上，如王子平创青龙剑祛痛延年二十式、马凤图创疯魔棍等。所以，武术文化的发展需要更多的武术家。

5. 武术文化传承的主要载体是学校

学校作为武术文化传承的一个重要场所，是武术文化传承的主要载体。在学校教育的过程中，对适宜于青少年身心发展的积极健康的文化内容进行有计划的课程安排，不仅可以较好地丰富和充实教育内容，激发和调动学生参与练习的积极性，而且能较好地体现中华武术文化，更好地感受多民族大家庭丰富多彩的文化生活，同时可以培养学生良好的爱国主义民族情感，增强其自豪感和自信心。

6. 民族团结是武术文化传承的大前提

中国少数民族的武术文化与汉族武术文化本属同源分流，分流只能说明其特色、个性，并未否定其根本上的一致性。因此，民族团结，共同进步，民族间不断地交流与学习是中华武术文化发展的必要条件。

（三）传统武术文化的保护

1. 传统武术文化保护的原则

传统武术文化的保护，应遵循以下基本原则：

（1）以人为本原则

传统武术在很大程度上是通过口传心授的方式传承的，与有形的文化遗产相比，具有独特的存在方式。有形的文化遗产是固定的、不可再生的，它可以脱离活形态文化而静态存在，是一种物化的时间记忆，而传统武术却是流动的、发展的，它不能脱离"人"而独立存在，人是传统武术的核心载体。这就决定了保护传统武术必须要坚持以人为本，诸如保护和培养武术传承人优先，传统武术的守望者应当受到应有的重视与保护，站在对人类的健康生活是否真正有利的角度来实施保护，在保护过程中注意尊重被保护者的精神意志与心灵自由等。除此之外，从具体的工作层面上看，也应做到"以人为本"。

根据"以人为本"的原则，我们对传统武术的保护，不应封闭在某个特定的历史时空中，要尊重传统武术的传承者和习练者在文化保护、文化传承、文化发展中意志的自由选择；不应该也不可能要求他们为了给世界保存一种生存方式，保留一种传统文化，而将他们的生活封闭在固定的时空中，使他们成为世界体育文化多样性追求的牺牲品。所以，我们在抢救和保护传统武术时，应该充分考虑他们的主体性、现实境遇和要求，要善于从传统武术传承者的主场出发，设身处地为他们着想，遵循以人为本的原则，真正把传统武术的保护工作落到实处。

（2）科学性原则

科学性是另外一个必要的原则。对传统武术的有形资源（如传统武术的典籍、套路、器械等）和无形资源（如传统武术习练的心得体会等），我们需要实施不同的保护手段，而且不同的文化形态需要相应的传统武术保护者进行科学的指导。从对濒危形态的抢救到对消亡形态的搜集整理研究，再到活态形式的扶持振兴与开发利用，保护工作的每一个环节，几乎都离不开传统武术保护者的参与和必要的科学指导。否则，我们的保护工作便仅有愿望与热情，而达不到实效。就目前来说，传统武术的保护形势不容乐观。因此，我们要加强武术科学的研究，使武术文化的保护落到实处。

（3）可持续性原则

可持续发展的哲学分析是既满足当代人的需要，又不对后代需要的满足构成威胁和危害的发展。所以，不但要促进传统武术在当代的发展，更要考虑到其未来的发展，使它步入持续、稳定、健康、良性循环的轨道，以满足子孙后代对传统武术的需求。基于此，我们要通过一系列的手段和措施为传统武术的可持续发展创造良好的条件，制定长期的可持续发展战略。传统武术只有符合可持续发展的要求，才能得到社会的认可和接纳。

2. 应对流失，加强保护的对策

（1）提高传统武术传承人的保护意识和保护水平

传承人是传承、发扬传统武术文化的关键力量，如何保护好、发挥好这支关键力量，是实践中的一个焦点和难点。但是，对传统武术的保护不是一蹴而就的，也并不仅仅限定在保护杰出传承人一个方面。全球化加剧和文化生态的改变，让传统武术生存的土壤和社会环境遭受到了破坏，尤其是年轻一代，对继承传统武术文化遗产的态度正处在从无知到冷漠的尴尬现状，传统武术一些自身特点的限制，也造成了其传承的断层，如许多优秀的拳种已经在历史的长河中销声匿迹了，成为民族传统文化家族中永远无法挽回的模糊背影。因此，提高传统武术传承人的保护意识刻不容缓。

而且，传统武术的继承和发展必须遵循"百花齐放，百家争鸣""古为今用""推陈出新"的方针，而"有所发现，有所发明，有所创造，有所前进"。面对传统武术传承人日渐减少的局面，各传统武术流派应该摒弃门户之见和流派之争，广泛交流，广纳弟子。而对于这些优秀文化传统的杰出传承人，我们应该动用一切力量来保护、帮助他们，为其生存、生活提供保障，以使他们能全身心地投入到继承发扬优秀传统武术文化的工作当中。

（2）提升传统武术的竞争力

传统武术是中华民族优秀文化的象征，是中国各民族人民智慧的结晶。在漫长的历史进程中，传统武术为增强民族体质，丰富民族文化，振奋民族精神，巩固、加强国防和维护社会治安做出了巨大贡献。传统武术动作简单、朴实，比较易于推广和普及，有着较高的健身价值和广泛的适应性，且由于其活跃在民间，具有广泛的群众基础。但是传统武术发展到今日，由于西方体育文化思潮以及跆拳道、空手道等的影响，习练者日渐减少，这使传统武术发展陷入困境，使得传统武术的保护工作更加困难。

因此，目前减少传统武术习练者流失的首要之举，就是唤起国人对传统武术的热爱，可通过宣传传统武术保护工作的重要性，通过各种形式的宣传，通过传统武术的民间表演和展示等各种措施，提高人们对传统武术的认识，促使传统武术形式较强的竞争力来面对其他竞争者。

首先，各级保护部门可以通过组织各种宣传活动对传统武术保护工作的重要性进行宣传。通过定期举办"传统武术展示日"等活动，增强人们的保护意识。通过各类活动，让"保护"进入人们的日常生活，在全社会形成一种爱护、保护传统武术的风气，使每一位公民特别是广大青少年，都能为中华民族拥有如此丰富多彩的传统武术而自豪，从而自觉地珍惜它。

其次，充分发挥媒体在传统武术保护中的宣传功能，并运用多种方式进行宣传。例如，可以在宣传时采取专栏、聚焦、纪录片、人物采访、比赛等多种形式进行，中央电视台5套节目——《武林大会》——就是一个很成功的例子。《武林大会》的擂台为许多传统武术的习练者提供了展现的机会，从而促使人们去寻找、保护流失中的传统武术。

最后，通过博物馆、会展等各种形式展示传统武术。通过静态展示物质载体（如拳谱、器械、武术大师传记等）与动态的传统武术现场演示、讲解、播放纪录片等形式完美结合，以达到比较理想的宣传效果。在运作过程中，不但要发挥展览馆、博物馆、群艺馆、文化馆的作用，充分利用资源，还要鼓励传统武术修习者开办私人展馆。

（四）传统武术文化的创新

1. 从实现武术现代化着眼，认识传统武术文化的创新

武术作为国际体育运动的新项目，要求我们必须从实现武术现代化着眼，认识传统武术文化的继承和发展问题。从这一点出发，中国武术必须吸收国际各种搏击技术的发展理论和现代化的训练管理经验，以改进中国武术陈旧的修习方法，从而对武术采取严谨的现代科学态度。我们在学习外国先进经验的同时，还要注意吸收海外中国武术的精华，重视并交流这些已经吸收外域文化特点的中国武术，将它作为中华民族财富的组成部分。中国传统武术是个古老的事物，具有很大的魅力和生命力。要想继承和发展中国传统武术文化，就需要我们不断加强对世界其他文化的研究，借鉴、吸纳世界的经验，以认识自己、发展自己。

2. 从发扬民族特点着眼，认识传统武术文化的创新

传统武术文化是中国优秀的民族传统文化之一，绵延几千年，具有浓厚的民族特色。武术文化具有相对稳定性，有着传统文化的精粹内容

和合理内核。目前，西方国家的现代物质文化生活飞速发展，现代科学理论面临新困境，现实生活中的人情冷漠现象，驱使西方开始重视中国武术文化。他们希望从中国武术文化中寻找一些有效的答案和有益的启示，以解决自身因征服而引起的自然报复，解决他们用传统的逻辑思维难以解决的与自然的冲突，融化他们人际关系的冰霜。

为此，我们必须清醒地认识到，中国武术作为传统文化的一种表现形式，在千百年的历史发展过程中，已被渗透进民族的风格、习惯、心理、感情和思维、欣赏方式等之中。从某种意义上说，武术是中国文化的一个缩影。因此，我们必须发扬民族特点，推进传统武术的创新发展。

3. 从弘扬传统文化着眼，认识传统武术文化的创新

中国武术在技术上独具一格，这是武术在长期历史发展中，受到中国传统文化的滋养的结果。武术不仅有精湛多彩的技术，且富有深邃的文化内涵。许多外国习武者学习中国武术既是为了健身、防身，也是为了从中了解中国博大精深的文化。为此，在传统武术文化的继承和发展问题上，要注意弘扬传统文化。

第二章 高校武术文化教育与传承

第一节 高校武术文化概述

学校武术作为传授武术技能和武术文化的主渠道之一，是传承民族文化、弘扬传统美德的主阵地。早在 1915 年，武术就纳入了学校体育的课程之中。中华人民共和国成立后，武术作为弘扬民族精神、强身健体的重要内容，被列入《全国大、中、小学体育教学大纲》之中，使学校武术得以健康快速地发展。中国武术正是由于起独特的魅力和丰富的文化内涵，深受师生的喜爱，在满足他们对武术文化学习和了解的需求同时，净化了他们的心灵，增强了他们的体魄，磨炼了他们的意志，培养了他们的民族自尊心和自信心，极大地丰富了校园的文化生活，高校武术文化也因此成为校园文化中一道亮丽的风景。

武术进入学校必然要融入校园文化之中，校园文化发展的需要促进了高校武术文化的发展，而融合是传统文化继承和发展的需要，也是校园本身需求的特殊反映。因此，武术文化生存于高校校园之中，与之融合，必然形成独特的高校武术文化，这是由武术文化的内涵所决定的。因此，高校武术文化具有一定的特指性，是指在校园这一特定的环境中，以师生为主体，以校园为主要空间，以丰富多彩的武术文化活动为主要内容，以尚武精神为主要特征，寓竞技娱乐、强身健体、修身养性和审美等于一体的大众文化，是于校园武术实践活动中所创造的物质和精神财富的总和。

一、高校武术文化的内涵

（一）高校武术文化的阐释

武术作为最具代表性的民族传统体育项目生存于高校校园之中，是在校园特殊的环境中产生的文化现象，它既从属于校园文化又从属于体育文化，可以说，武术文化与校园文化是一个交织的共同体，构筑了高校武术文化的外延。

高校武术文化主要是以武术文化教育的内涵为核心，以物质文化和精神文化为构成要素。高校武术文化与校园体育文化既有共性，又有区别。其区别就在于武术文化是中华民族智慧的结晶，多方面影响着我们民族的文化心理和民族个性。武术进入校园，成为校园体育文化中的新分支——高校武术文化，它是武术精神在校园文化中的体现，必然对学生产生积极的影响。

武术文化是感悟人体动作的文化，在千变万化的人体动作中，反映出人的思想、道德、意念、方式、手段、美感与文明程度，是人体动作的宝库，是人体动作的高度完善、潜能发挥的极好方式。这种感悟人体动作的文化，给校园增添了勃勃生机，学、练、悟的过程本身就是一种享受和追求。而这种享受和追求主要是通过各种形式的武术教学和实践活动表现出来的，它反映了师生的价值观念、健身理念和参与意识，同时又与学生的生理、心理、社会文化等因素相适应，并随着这些因素的改变而转移，形成一种具有教育性、传承性、渗透性和时代性等动态变化的文化形态，具有鲜明的高校武术文化特色。

（二）高校武术文化的价值层是武术文化的核心

根据庞朴的文化心理层是文化的灵魂，是文化的根本推知，武术文化的价值层则是武术文化的核心。在中华五千年文化土壤中生长和发展的武术，是中华民族的优秀文化遗产，蕴含着人生的哲理和文化的内涵，中国古典哲学是中国武术的理论基础，儒学思想是中华武术的思想基础，中国古代军事兵法是中华武术应敌原则的基础，中医、中药学的发展为中华武术提供了科学基础，文化艺术使中华武术丰富多彩。

1. 武术技击的文化内涵

武术动作是攻防的统一体，攻与防辩证统一，互为前提，在动态统一中实现技击的目的。武术中的防守，基于阴阳平衡的原理，依据动与静的辩证关系做出理性选择，不是单纯的消极防守，而是在防守中的进攻，以守为攻，讲究攻守平衡，以防守作为进攻的基础和保证，如太极拳的"以柔克刚""以静制动"，看似"无为""少虚空"，实则暗含玄机。

武术中的进攻除了要与防守保持平衡外，还受武德的制约，中国的传统武术技击更重视对习武者的道德品质的教育。传统武德教育的目的不是仁慈化技击技术，而是影响与指导习武者的价值判断，把几乎所有的精力都用到了对人的引导上，表现在练武与修身、习艺与立人、品德与技艺的统一。

2. 武术套路的文化内涵

中国武术套路是极具特色的一种运动形式，是区别于任何一个国家、民族格斗运动的独特形式。武术套路绝不是动作加动作的简单合成，从每一个动作的构想、操作到如何开始，如何结束，如何在动作之间做到起承转合，又如何使外在动作与人的内在精神相协调……都充满了中国人的智慧和理想，它源于道家阴阳学说的自然文化，并通过"道法自然"和"天人合一"塑造出套路动作的阴阳生机；它在拳理上以太极、八卦、五行生克等理论为指导；在风格上体现出"猫窜狗闪兔滚鹰翻"等比拟；在练习要求上对道的体悟和与天道规律的主动相合，表现为"身法自然""天人合一"等追求，如拳如流星眼似电，腰如蛇行步赛粘；在技击方法上不再追求致残、致命，而将其视为一种对攻防格斗美的体验和对攻防格斗的超越；在拳种上形成了仿生学成果——象形拳，如鹰爪拳、蛇拳、猴拳。

中国素来就是礼仪之邦，中华民族一向谦和有礼，武术套路以间接较量而不是直接身体对抗的方式进行，不会构成任何对对手的安全性威胁，武术中的任何技法，都可以使用和再现，并且保证其完整、连贯与不失真。同时，在中国传统审美意识影响下，中国武术套路形成了手、眼、身法、步法、形体的规范，精气神内在的专注，讲究以心行气，以气运身，以身致动，由内至外，终达内外兼修、神形具备的境界，形成了兼备风格和特色的一种运动模式。而且套路保留武术的攻防核心和大量攻防技术，依托这些具体技术而存在的更多的武术内容，如内练行气的养生内容，讲求神韵的审美内容，求道达仁的修养内容，等等，以及不同流派的不同方法、不同风格，都最大限度地得以发挥和保留。可以说，武术套路形式是文化负载量和武术文化负载最大的形式，是中国武术文化形态的代表。

3. 武术哲理的文化内涵

中国武术是根植在中国这片土地上的文化形式，是经历了几千年的漫长岁月，起伏跌宕、传承不辍才发展到了今天的，它的运动形式、技术要领、训练方法以及道德规范等都具有浓厚的中国传统哲学色彩，如中国哲学中的"天人合一"整体观、形神统一观、动静变化观等都是中国武术的哲学基础。离开了中国传统哲学去孤立地看待武术，必然会遇到许多无法解答的疑难。

（1）武术拳理技法中蕴含的"天人合一"整体观

中国传统哲学是从"天人之际"角度来表述哲学基本问题的，是以人作为哲学出发点，以天作为人的对象，并把人与天相融，结成哲学认识的对象，强调天与人密切相关、不可分割。"天人合一"表现了从总体观察事物的辩证思维方式，是中国哲学的基本精神。它凝结成中华民族特殊的心理特征，也予以中国武术深刻的影响，主要表现在拳理技法方面。下面以太极拳为例加以叙述。太极拳，"拳名为太极，实天机自然之运行，阴阳自然之开合也"。《易经》中把天地未分的原始统一状态称为"太极"，太极就是宇宙的根本，是天地万物的根源。宋明理学的奠基人周敦颐说："无极而太极，太极动而生阳，动极而静，静而生阴，静极复动。"太极因动静而生天地万物，展现出一个以太极为中心观念的宇宙发生图式。拳名为"太极"，就是以拳术来体现人与自然的合一境界，练拳的过程也是人与自然和谐统一的过程。所谓"拳为小道，而大道存焉"，即拳为道，道在拳中，反映了太极原理与拳法拳理之间的哲学关系。古典太极拳理中把太极拳预备式称为"无极"。"太极者无极而生，阴阳之母也。动之则分，静之则合。"动静相连，连绵不断，行若流水，这种运动不已、气化流行的过程，既是太极，也是宇宙自然的运行规律。

中国武术无论从拳理还是从技法上都体现了人与自然的有机联系，体现了和谐统一的"天人合一"整体观。中国武术用独特的运动语言表达了中国哲学"天人合一"的思维方式。

（2）武术练功理论中蕴含的形神统一观

形神是中国哲学的基本范畴之一，形是指形体，神是指精神。形体与精神的关系其实是哲学中物质与精神的关系。先秦时期，《管子》一书中有"天出其精，地出其形，合此以为人"的形神论；荀子提出"形具而神生"的命题，肯定了形是神的物质基础；到汉代，关于形神关系的观点逐渐形成了两大派别：一派主张形神相离（认为精神主宰形体，形灭后精神可独立存在）；一派主张形神相即（认为形体是精神存在的前提，形灭则神灭），如汉代的桓谭认为犹如烛火不能离开蜡烛而独立存在一样，神也不能脱离形体而独立存在。而道教追求形神俱存，不死不灭，但认为形依靠神而存在，道学家葛洪曾说："形须神而立焉"，南北朝时期的范缜对形神关系做了极为精辟的分析，提出"形者神之质，神者形之用"的命题，认为形存则神存，形灭则神灭。虽然在不同时期，持不同哲学观点的先哲们的形神论有不同内涵，但中国武术中"形神兼备"的精神却源远流长。武术中的形指的是形体以及手、眼、身、法、步等的外在形体动作，神则是指精神、神韵。在武术中，形神互存、形质神用的形神观无处不在。武术讲究"内练精气神，外练筋骨皮"，"精气神"指的就是人的精神，"筋骨皮"指的就是人的形体，一内一外，正体现了形神论的精髓：形神互存，即人的形体与精神是一个统一的整体。例如，"南拳"即是"以形为拳、以意为神"，闻名中外的少林拳也讲究"内外兼修"。表面看来，内家拳注意练气、练意，具有内聚性形态；外家拳注意形体的锻炼，具有外聚性形态。但实际上各家各派都很注意形体与精神的统一，强调形神兼备，认为唯有如此才能达到强身健体的目的。可见，"形神统一观"体现了中国武术的民族风格，是数千年武术与哲学的结晶。

（3）武术技击原则中蕴含的动静运动变化观

在中国哲学中，动静是重要的范畴，如变易、有欲、有为、刚健等被纳入动的范畴，而无欲、无为、柔顺则被纳入静的范畴，动与静是运动变化过程中的两个方面，两者相辅相成、相互蕴含、相互转化。哲学中的动静观对中国武术产生了深刻的影响，反映在武术运动过程中的动静变化，表现为动中有静、静中有动，动静之间相互依存、相互蕴含的辩证关系，这恰恰反映了中国哲学中"静即含动，动不舍静"的思想。在中国武术的技击原则中，素有"刚柔并济之道、虚实攻守之学"的技击之术，表现为"以静制动""以柔克刚""以快制慢""避实击虚"等，这正是动静运动原理衍生出来的技击原则。在技击中，"动则为攻，静则为守""善攻者，敌不知其所守。善守者，敌不知其所攻"，即善于进攻的人应使对方不知如何防守才好；而善于防守的人应使对方不知如何进攻才能取胜。当然，在技击中不仅要掌握攻守的变化，还要掌握刚柔、快慢、虚实的动静变化。这些技击原理实际上都是讲动静的变化，无论是快慢相间、刚柔并济还是虚实分明，都蕴含着深刻的哲理。

4. 武术道德的文化内涵

武术具有多种特殊的文化历史作用，而且是体育文化社会功能的最全面、最杰出的代表。在中国古代哲学和思想文化的熏陶下，中国武术于杀伐击刺之中展现了人的健康发展与强壮，显示了人的精神与肉体两方面的完美统一，体现了中华儿女的英武豪迈。它是中华民族英雄主义文化心态的表征。这一点，使中华武术具有非常可贵的文化历史作用与极高地位。中华武术之所以能用"野蛮"的格斗技术体现人类至高的东方文明，除了哲理的影响外，伦理的影响也是非常重要的，最鲜明的体现就是"武术道德"，即习武者的道德品质。中华武术的武德具体表现在三方面：首先是口德，即要注重自身修炼，不言己之所长，不道他人之短。其次是手德，即要遇事多虑，勿躁，忍之高，即使忍无可忍时，也要做到出手不伤人，点到即止。最后是身德，树立一种强有力的信仰，大义服人，先礼后兵，使用武术的最终目的不是伤害对手，而是制止对手。王芗斋在《大成拳论》中指出："就传统而言，首重德性，其应遵守之信条，如尊师敬长，重亲孝长，信义仁爱等，皆是也。此外更需要侠骨佛心之热诚，舍己从人之蓄志，苟不具备，则不得谓拳家之上选。"至于武术所彰显的浑厚深沉的气概，坚忍果断的精神，敏捷英勇的资质，更是习武之人必备的根本要件，否则恐怕很难得到真传，即使得到真传，也不能达到武术修为的最高境界。武德始终贯穿于习武者练武、用武、授武、比武等一系列的社会活动之中。武德是通过武术展现的，习武者以它作为道德准则，实际是综合了道德标准和精神价值，也正是由于这种理念，中华武术才能够历经千年的发展延续而经久不衰。个人的武德只有适应社会实践才能衡量其品格的提升或下落，武德也只有在社会共识的秩序规范中才有实践的价值和意义。

二、传统武术文化与校园文化的融合

（一）武术是身体素质和心理素质的教育

武术在中华文明哺育下成长起来，武术文化与校园文化有着恰如其分的联系，它们之间相辅相成，相互交融，具有很强的亲和力。武术已发展为现代体育项目，高校的武术教师应根据校园文化的发展特点来及时调整和变更武术的教学与讲座内容，组织锻炼的方法，练习的形式、规则、规定等，使武术文化符合校园文化的素质要求。武术教学是高校武术和武术文化传播的基础。武术教学以提高学生的身体素质为目标，注重增强体质、掌握武术的技能，使学生学会锻炼、学会运动，充分体会到武术活动和武术文化是集健身、养生、精神、娱乐于一体，同时使大学生从心理上领悟和体验到参加武术活动的乐趣，有利于培养大学生终生体育锻炼的习惯和能力，促使大学生全身心地投入到武术锻炼中去，把自己锻炼成身体健康、心灵美好，具有竞争意识和协同态度、适应现代社会发展和生活需要的新一代，这也是终身教育思想在武术教学活动中的具体运用。

（二）武术是思想文化素质的教育

武术是民族传统体育项目，它在中国文化的氛围中产生、发展，从指导思想、基础理论到实践体系无不受到中国传统文化及其政治、经济、生活方式的巨大影响。武术除具有艺术化、伦理化倾向外，还蕴含着中国古代哲学基础和医学基础。作为高校的体育工作者，理应在教学中注重武术的技术、内容和演练风格的示范、讲解和传授，同时引导学生从武术活动中学习、理解中华武术文化的真正内涵，进一步激发学生获取知识的欲望，激发他们的武术参与意识，进而成为武术运动的直接参与者，从而达到强身健体的实际效益。另外，在东西方体育文化的融合和交锋中，要让大学生既了解西方体育的特点，又了解中华武术传统养身体育的特点，从而使学生更清晰地了解东西方体育的风格、特点，二者相互渗透、相互融合是历史发展的必然，中华武术必将走向世界。这样就会让学生体会到学习武术理论知识，参与武术活动的迫切性和必要性。因此，加强大学生的武术文化素质教育对弘扬和发展武术事业也是具有长远意义的。

（三）传统武术文化与校园文化的融合

武术要想进入校园文化，就必须使广大师生认识到武术的价值，传统的武术文化价值是指武术的健身、防身、修身养性、娱乐观赏等，是高校广大师生增强体质、振奋民族精神的一种很好的健身方法。高校的武术工作者要根据师生不同的价值取向，找准武术文化在高校中的落脚点，充分利用校园媒体的宣传作用，利用武术教学、训练、竞赛、晚会表演等形式不断地向师生展示武术的文化价值和健身价值；通过武术教学和武协的活动，培养一批武术文化的传播骨干，扩大发展武术文化在校园中的传播队伍；利用早操课余活动时间，组织一系列不同内容、不同风格、不同演练形式的武术表演和锻炼活动，以吸引更多的师生参与，使武术成为校园特色项目，聘请武术界知名人士来学校讲学，使师生在接纳优秀武术文化的同时传播武术文化。

第二节　高校武术文化在教育中的传承

学校是发展民族传统体育的"主阵地"，武术本身的发展和普及也绝不能忽视学校这块重要阵地。日本的柔道、韩国的跆拳道都是在保留其精髓的基础上对动作和规则加以改良，使之更适合作为教学训练的内容和比赛的项目，并以学校为主渠道向青少年推广，从而得到越来越多人的喜爱。反观他们国家在各级学校体育课中民族体育项目的比重和普及情况，以及遍布世界各地的柔道馆、跆拳道馆，就不难明白这些民族体育项目代表亚洲进入奥运会绝不是偶然的。学校不仅应该成为奥林匹克体育运动项目的推广基地，更应承担起发展民族体育、弘扬民族文化的历史重任。同时，中国武术作为我国传统的体育项目，具有许多西方体育项目不可比拟的优越性，在全面推行素质教育的今天，中国武术文化具有重要的教育作用与意义，学校体育应将武术文化教育作为重要组成部分，充分发挥武术文化在学校素质教育中的作用，推动学校体育的全面发展。

一、文化与教育的关系分析

学校教育与文化的关系错综复杂。一方面，文化是学校教育的基础和组成要素，没有文化就谈不上学校教育，因为学校教育是以文化科学知识为形态，以课程与一系列活动为载体，以掌握一定文化知识并按某种文化模式（或方式）生活与工作的教职员工为中介，培养与训练受教育者逐步掌握并进入某种文化模式的过程。另一方面，文化也离不开学校教育。教育是文化得以继承和发展的载体，文化的时代性也明显地投射在教育上，学校教育是社会文化传承的一种重要方式，没有学校，许多文化就可能失传。这种传承方式不是固定不变的，而是在原有成功经验积累的基础上不断推陈出新和创造发展的，但这种传承方式中又会有许多传统的成分。

二、教育对武术文化传承的作用

教育是武术文化传承的"基石"。教育对传统武术文化的作用表现在教育是武术文化的延续和创新过程中必不可少的条件，是武术文化发展过程中必不可少的一环。文化的延续离不开对人的教育，武术文化的延续也不例外。人类文化的延续可以分为两种方式：第一种以实物的保存、运用包括语言文字在内的各种符号的记录等，这种延续的方式是通过物质或者借助于物质载体把人类精神活动的产物物质化、外化的保存方式。第二种是以人的活动形式、心理、行为方式存在的，这部分文化的延续，必须通过人这个主体才能实现。武术文化的延续也是如此，如武术的各类拳种技术、各种武术典籍、各种兵器需要以物化的形式进行延续；而武术的文化内涵、武德、学武人的行为方式等，是以另外一种方式存在的，体现在习武人平常所表现的思维模式、行为方式上。因此，教育在武术文化的传承中是不可缺少的条件，也是最重要的条件，对于传统武术文化的更新更是如此。如果没有人对已有武术文化的掌握和运用，也没有人在掌握和运用武术文化的过程中逐渐形成的创造能力，就谈不上新武术文化的创造。在传统文化中孕育的消极、保守、落后的一面，必须通过各种现代教育途径改变人们已有的武术教育观念，树立适应现代化社会需要的武术文化教育传承的新意识、体制和模式，还要转变与传统武术文化相适应的传统教育观念，培养出既能继承传统武术文化中优秀的遗产，又能创造出富有时代特征的新武术文化的人才，促进武术文化的良性传承和国际化发展。传统武术文化中既有精华，也有糟粕，使传统武术文化中优秀的部分得以延续，为新武术文化的形成创造条件，这是新时代赋予教育的重要历史使命。特别是随着"全民健身运动"在神州大地如火如荼地开展，作为其中重要组成部分的学校体育在武术文化的继承和推广中发挥着越来越重要的作用。

三、学校是武术文化传承的主要场所

学校是人们知识不断积累与创新的场所，教师承担着文化传递的义务与责任。武术教师有传授与弘扬中华武术的职责，而且学校的学生文化素质与综合素质都较高，有利于对武术文化的理解，有利于其武术文化的传承，因此学校教育是武术传播与继承的有效途径。武术是中国历史上传统教育的重要组成部分，虽然中国历来重视文化教育，但从来不忽视强身健体和运动素质的培养，武术作为中国特色的文化形式，不仅具有现代体育的功能——强身健体，同时作为一种系统整体性的文化载体，兼具促进人德、智、美及个性发展与完善的社会文化教育功能。

中国早在公元前两千多年前的夏代就已经有学校教育；商周时期的学校中就出现了武士教育，射术是当时武士教育的重要课程。周代的"六艺"教育，即"礼、乐、射、御、书、数"中的前四艺中均有丰富的武术教育内容，"射、御"是很重要的军事技能。周代的六艺教育，强调文武兼备，并重视礼仪道德的培养，对武术的发展起了极大的促进作用。在我国，武术正式进入学校体育课程是 1915 年 4 月在天津召开的"全国教育联合会"第一次会议上。会议通过了北京体育研究社许禹生等提出的《拟请提倡中国旧有武术列为学校必修课》议案，民国教育部明令"各学校应添授中国旧有的武技，此项教员于各师范学校养成之"。自此，源远流长的中华武术正式进入学校教育，成为学校体育课程中的一项内容。中华人民共和国成立后，武术作为学校体育教学内容之一得到了重视，1956 年教育部编订并颁布的中国第一部全国通用的《中、小学体育教学大纲》中就有关于武术方面的内容。1961 年，在总结经验的基础上，对 1956 年的教学大纲做了修订，武术作为民族传统体育的重要内容之一，被列入同年编订出版的《全国大、中、小学体育

教学大纲》，这使学校的武术教育机制步入了正常的轨道。2004 年 3 月 30 日，中共中央宣传部印发的《中小学开展弘扬和培育民族精神教育实施纲要》中的第四条，中小学开展弘扬和培育民族精神的实施途径中明确指出，体育课要适量增加中国武术的内容，充分体现了国家对武术在学校教育中传承的高度重视。为了重塑武术运动的形象，真正实现民族体育国际化的目标，相关部门需把各级各类学校作为重塑武术运动形象的"主战场"，各级各类学校应成为武术文化本土传承的基石。为实现中华武术的国际化目标，使国人进一步了解武术，就需要从青少年抓起，并借助学校教育的集团优势，拓展武术的普及范围，实现武术运动的本土化发展，加强武术运动的民族优势。当前，我国的青少年儿童基本上是在各级各类学校学习的学生，这是一个庞大的学习群体，把各级各类学校作为武术文化教育传承的"主战场"，对武术在全国范围内的广泛传承来说有着无可比拟的优势。可见，学校理所当然的成为武术文化本土传承的"基石"。

四、武术文化在学校中传承的构想

（一）在思想上的转变

1. 转变教学理念，树立将武术技术教学与武术文化传承统一的观念

自武术进入学校以来，虽然学校武术教育理念在不同时期发生了相应的变化，但基本上不管是在上级主管部门还是学校领导以及教师的观念中，传授武术就是传授武术的攻防技术、武术套路。多年来，我国武术教学内容一直处在不断变化之中，民国时期的学校武术教育主要是自卫活动和传统武术的功力练习，武术的技击内容是学校武术教育的重点。民国时期，中国人民饱受外来欺辱和内战的折磨，当时，强身卫国等是练习武术的目的。中华人民共和成立后，学校武术的主要功能是为培养社会主义的合格人才服务的。因此，中华人民共和国成立前后的武术教学内容差别很大。特别是武术套路变化比较大，先后编制了武术操第一、二套，少年拳第一、二、三套，初级拳一、二、三路，青年拳、步型拳、健身拳、三连腿、对六拳、对练拳、八段锦、太极十二动、形神拳共 17 个拳术套路。充分显示了我国学校体育工作者坚持武术教育改革，不断创新，以适应不同时期体育教学大纲指导思想的要求的意识。自 2000 年"体育与健康"课程的命名和"健康第一"的指导思想确立后，学校武术教学和其他项目一样，教学内容中原用于比赛的各种

长拳转向于健身养性的形神拳、太极拳等。与此同时，作为体现武术运动最基本特征的攻防意识一直是历年学校武术教学内容的主导思想，增设了一些武术攻防的技法。从民国时期的"强身卫国"到中华人民共和国成立初期的"强身健体"再到如今的"健康第一"理念，都反映出了它的时代特性。而当武术面临走向世界，中国传统文化日趋在学生心中淡化的今天，武术教育理念必然要进行改变，既要传授武术技术以实现"康健第一"的理念，又要传授与武术相关的传统文化，以实现"传承武术文化"的理念。

2. 加强宣传教育，构建良好的校园武术文化氛围

宣传是一种有效的途径，加强武术文化的校园宣传教育，形成良好的校园武术文化氛围，对于武术在校园中传承具有重要的作用。各级各类学校，特别是中高等院校，充分利用学校的媒体、广播以及相关的活动，向学生进行宣传。

例如，利用媒体播放一些具有积极意义的武侠题材的影片。众所周知，李小龙的功夫片曾在海外掀起过中国功夫热，《少林寺》的播出也曾在国内引起学武热潮，成龙、李连杰的功夫片在国内外也都具有很高的知名度，外国人对中国武术的热爱与崇拜就是从这些影片中开始的，更何况中国人自己；还可以利用广播定期播报一些国内外的武术赛事，特别是能令人振奋的中国武术健儿为国争光的消息，有关中国武术的重大事件等；还可以定期开展一些武术活动，如以武会友、校内武术争霸赛、武术文化展、武术有奖知识问答大赛等。通过传媒以及各种有声有色的活动，在校园中形成良好的武术氛围，让学生在校园中能受到武术及武术文化的熏陶，对武术产生浓厚的兴趣，进而走近武术、学习武术、热爱武术、传承武术，使武术扎下牢固而广泛的根基。课外武术活动与训练成为学校的一道亮丽风景线，吸引了全校师生的目光；各种武术表演出现在校内各种文艺舞台上，武术比赛扩大了武术运动在师生中的影响。通过各种武术活动进行武术文化的宣传，使武术的宗旨、精神、文化影响到学生的学习、生活，形成良好的校园武术文化氛围。

3. 教育行政部门要采取有力措施保证武术运动在各级各类学校中的顺利开展

尽管武术越来越受到重视，但是武术教学在国内至今没有实现根本的普及，也没有引起各级学校的重视，明显滞后于时代发展。要把武术视为一项长期工程来抓，因此，国家教育部门要设立专门机构，专人负责学校武术教育传承这项工程，同时在制定教学大纲上，规定各级学校

应在配套教学措施等方面给予指导与重视，并且应借鉴跆拳道等的传播经验，把武术课定为必修课。现实已证明跆拳道成为韩国学校的必修课后，社会地位直接提升了，并很快在全国各地深入人心。因为学校是一个巨大的传播阵地，跆拳道进入学校课程，保障了它在本国具有长期、稳定的传播对象，这是跆拳道成功传播的基础。因此国家教育主管部门应将武术设为各级各类学校的必修课程，从而提升武术的地位，使武术的传播发展更为顺利；并制定相关的规章制度，确保武术课在学校中的广泛传播。

（二）措施上的加强

1. 加大对武术师资队伍的建设

在教学改革不断深入发展的形势下，教师不仅需要具有更多的知识储备和更高的水平，更应该成为一个本专业的不断学习者、开拓者。武术教师强调品技兼优，不仅需要具备良好的武术技能、丰富的武术理论知识，而且必须有扎实的体育基础理论知识和深厚的民族传统文化功底。在传承传统美德，弘扬民族精神，培育国家接班人方面，教师负有重大责任。由于武术专业学生在校期间所接受的教育主要是以竞技武术为主的技术内容，文化方面相当缺乏，这些学生毕业后必然传播以竞技武术为主的武术内容，对传统武术文化知之甚少，使武术教育难以发挥传播武术文化、培育和弘扬民族精神的作用，严重影响了武术在学校的推广普及。许多专家学者通过调查统计发现，武术师资力量不足，教师素质不高，都严重阻碍了武术在学校中的发展。为此，各级各类学校必须加强武术师资队伍建设，特别是高等师范类、体育类院校，在课程设置上，不仅要设立武术技术技能的学习内容，而且要设立武术传统文化内容，加强武术专业学生的武术传统文化教育，培养出文武兼修的优秀武术专业教师，为各级各类学校提供必要的保障；同时各级各类学校要重视武术教师的进一步教育培训。

2. 注重武术课堂教学

（1）选择适当的武术教学内容

武术教学内容的选择是否得当直接影响武术教学的效果，也是教学能否取得良好效果的根本。首先，陈旧、单一的教学内容远远不能够满足学生对被国人视为国粹和瑰宝的中华武术的了解和求知的欲望，致使学生对武术课的兴趣大大降低。武术运动历史悠久、根深叶茂，其内容丰富多彩，主要包括拳术、器械、对练、集体项目以及散打、推手和各种功法运动等，这些是几个初级拳械套路所无法涵盖的。然而武术教学时数有限，不可能在短时间内将所有的武术内容都教给学生，针对这种教学现状，应该考虑如何将那些能够代表各类武术运动形式的武术内容进行优选组合，设置为武术教学内容，既能防止教学内容过多所造成的学时紧张和学生学习压力大的不利局面，又能够起到以点带面，满足学生对中华武术进行较全面了解和求知的欲望的作用。其次，武术教学内容的选择应当设置一些具有促进学生身体健康发展和增强学生体质实效的技术内容。武术教学内容中有很多具有独特健身实效的养生功法，如四段功、导引术、八段锦等都有利于学生身体机能、身体素质和基本活动能力全面发展。教师在实际教学中可按照健身的原理和要求去指导、教授学生，使学生通过武术课的学习掌握一定的健身原理与方法。最后，随着社会的进步，武术功能从技击向文化娱乐转变。从武术运动自身的特点来看，传承中国传统文化的特点是其生命力的源泉。因此，应把体现武术运动文化底蕴的传统文化有选择性地设置为武术教学内容，使学生们从参与武术运动的角度出发，对中国悠久的武术文化产生认识。融合了哲学、中医、养生、气功、兵学的武术在功法、功理、技术练习中均涉及了这些内容，构成了中国传统体育独特的理论体系和文化观。为了传承中国优秀武术文化，在教学中必须重视对学生传授民族传统文化和哲学思想，教学内容必须含有这方面的内容。例如，在中小学的武术教学中应加强礼仪、道德、意志品质、人格等中华民族传统文化的熏陶，积极加强学生对我国传统文化的认同感。在高校武术专业教学中加强中国传统武术文化的整体传承，开设一些有关中国古典哲学、儒家思想、道家思想、军事学、美学、医学等的内容。

总之，教学内容应该与时俱进，体现新时代的教育理念，充实武术文化内涵，突显武术文化传统精华，将武术教学课程打造为弘扬中华传统美德、培育爱国主义、民族精神、展示鲜明民族特色技术技能的通道与平台。

（2）适量增加并保证武术课的教学时数

现在大、中、小学体育课每周两课时，武术所占的时间根本无法完成教学内容，而且由于各级各类学校领导对武术教学不重视，现有武术教学时数都无法保证。教育主管部门应给予检查与督促，引起学校领导对武术的重视，并采用激励机制，促使武术教学与中学体育教学真正相接轨。同时，为弘扬中国传统文化，还应将武术作为地方特色课或传统课加以管理，增加武术理论课教学时数，规范理论教学内容。中华武术博大精深，不仅技术流派丰富多样，而且深蕴其中的文化内涵更具魅力。增加武术理论课的教学时数，对丰富学生的理论知识和弘扬民族文化具有重要的意义。

3. 组建校园武术社团组织或武术俱乐部，定期举办校内和学校间的武术比赛

武术群体是学校开展武术运动的重要形式，是武术课程教学的补充，也是武术爱好者相互交流学习技艺的园地。从对高校校内开展群体武术活动的调查中发现，各高校主要是通过学生武术组织来开展武术群体活动，这些组织致力于普及武术知识，传授武术技能，使武术这一民族瑰宝在学生，特别是在没有丝毫武术基础的学生中得以继承并发扬光大。武术协会在传授会员武术技能的同时，更注重武德的培养，让会员清楚武术不仅是一门健体防身的运动，更是一门持身自修的艺术。

在各级各类学校之内和之间定期举办武术比赛，对武术运动在学校体育教育中迅速发展发挥着"催化剂"的作用。武术运动是我国传统的优秀体育项目，国家教育部门应制定政策使武术运动成为各级学校运动会中必须设置的比赛项目，这样可以通过强制性的政策约束来加强人们对武术运动的认识，并引起各级领导对武术运动的重视，从而提高武术运动在学校教育中的地位，促进武术运动在学校教育中的发展。武术比赛项目的选择也应具有强制性和针对性，在各级学校之间举行的武术比赛项目应与全国体育运动会武术比赛的项目设置基本一致，特别是大学生运动会武术比赛项目的设置应与全国体育运动会武术比赛的项目设置完全一致。更可在学校之间开展武术的单项运动会，推动学校武术运动快速、合理、有序地发展。

4. 确保必要的武术场地、器材设施的资金投入

现在各级各类学校缺少武术场地、器材设施也是一个不容忽视的问题。武术场地、器材设施是武术在学校中得以传授的最基本的物质保障，没有这些物质做保障，各种武术教学活动就无法进行，更别提普及和推广了。

武术器材、服装都属于物质文化层，具有一定的武术文化内涵和教育价值。例如，武术比赛的服装都是用绸缎做成的，体现了我国丝绸古国的传统特色，配合武术表演又具有一种独特的审美价值。又如传统武术器械关公刀、岳家枪等，这些器械可以形象再现中华民族的历史文化。

总之，各级各类学校的领导应该重视在物质层面的资金投入，确保武术教育的顺利开展。

第三章　高校武术文化教育的建设

第一节　高校武术文化教育建设的价值

一、高校武术文化教育建设的概念

"建设"从字面理解就是建立、设置的意思，如明唐顺之《条陈海防经略事疏》："沿海建设卫所，联络险要。"常作为动词使用。但在《礼记·祭义》里："建设朝事，燔燎膻芗。"陈澔集说："朝事，谓祭之日早朝所行之事也。"这些则解释为陈设布置，有两个含义：首先指原来没有，现在建立、设置；其次指对原有布置的调整。到了近代《壮行集·为共产主义理想而斗争（代序）》："今后我们建设富强的国家，实现社会主义的现代化，要克服重重困难，同样要依靠这种革命精神，这种光荣传统。"中有创立新事业，增加新设施，充实新精神的解释。在本书，"建设"主要指：以传承武术文化为前提，促进形成高校武术文化教育建设的方略，是在原有的基础上调整、布置的意思，也有充实新精神的含义。

关于高校武术文化教育建设研究，首先应厘清何为高校武术文化。通过相关的文献梳理后发现，时至今日，学者们对高校武术文化并没有达成一个统一的认识。但是，学者们还是依据其特定的范围（高校）和主体（高校师生），对高校武术文化进行了较为清晰和准确的描述及界定。例如，刘世海认为："高校武术文化是指全体师生为主体，以校园为主要活动领域，以武术教学活动为主要内容，以课外组织多种形式的武术表演、比赛、讲座等活动为辅，在长期的武术活动实践过程中形成以授武育德为特征的校园文化现象。"再如，卢玉龙认为："高校武术文化是指以全校师生为主体，以校园为主要活动领域，以武术活动为主要内容，以在长期的实践中形成的武术精神为主要特征的一种群体文化现象，是一种特殊的社会文化。"根据以上相似的描述可以得出，高校武术文化以中国武术文化及高校文化为底蕴，是在长期的校园武术活动实践中形成的。它同时从属于高校文化和武术文化，其固有的特性内在规定了高校武术文化的特质和多维度、多层面的德育功能。当前，高校武术文化主要通过武术课及高校武术协会进行传播和传承。因此，高校武术文化教育建设研究，也必须围绕相关维度展开。在对高校武术教育现状的分析和总结的基础上，通过整合高校、社会的武术文化资源，以高校为参照对武术文化的传承做统一的、系统性的规划和布局。高校武术文化教育建设的价值取向应以社会和国家的发展为航标，力求融入社会主义文化大发展、大繁荣的大环境。高校武术文化教育建设的要领就在于建设：只有倡导武术本真，偏离本真的才会被取代；只有坚持武术文化形象，才能跨越固化形象的藩篱；只有教化价值定位，技术为尊才能被抵制。

二、当代高校武术文化教育建设的价值阐释

"文化的价值在于对作为历史主体的人的不断塑造。如果文化只是停留在客体存在形式上，不转化为主体的存在形式，也不能维持自己的继续存在，更谈不上发展"，高校武术文化教育建设正是以武术文化这一优秀的民族身体文化在促进高校社会主义先进文化凝聚的实践中实现自身的传承为价值志趣。作为社会的精英文化，我国高校文化始终是社会文化的精神支柱，对社会文化的发展方向担当着引领和辐射的重要责任。然而伴随着我国社会、政治与经济的深刻变革，人们的价值观念呈现多元、多样与多变的趋势，高校教育中也折射出不少弊端，杨叔子院士将其概括为"五精五荒"，就是"精于科学荒于人学、精于电脑荒于人脑、精于网情荒于人情、精于商品荒于人品、精于灵性荒于人性"，其锋芒直指急功近利、轻做人重做事、轻成人重成长的忽视人文教育的现状，并认为"其直接结果是，一些大学生缺乏正确的人生观、价值观，没有理想信念，没有爱国主义情操，对民族文化缺乏基本的理解和基本的认同，个别人甚至自私自利，做出有损人格、国格的事"。这已经影响到高校的中华文化价值观的凝练，也不符合社会主义文化大发展、大繁荣的时代要求。面对新形势，高校迫切需要加强文化素质教育，尤其是民族文化教育。从历史深处蜿蜒走出的武术，折射着中华文明的光芒，其中国特色的文化血脉是保证其延绵不断的根源。它啜吸着华夏文明的乳汁，映射出东方极致的精神美，成为世界为之惊艳的"中国元素与文化符号"，它正是当代高校传统文化教育所需要的。而且"体育课应适量增加中国武术等内容"，说明了当今政府对武术"文化价

值"的肯定。此外，鉴于目前高校武术教育的现状，我们更加有责任和义务去客观、实际地把握武术文化建设在当代高校的价值。

（一）培育和振奋大学生的民族精神并强化民族认同

何为"民族精神"？黑格尔认为其"构成了一个民族意识的其他种种形式的基础和内容，表现于民族的宗教、政体、立法、风俗、科学、技术等各个方面"。民族精神反映着一个民族的精神文明成果，是一个民族赖以生存和发展的精神动力和支撑，更是民族文化最为本质、最为深刻的体现。中华民族精神是五千年中华文明史中积淀而成的代表着中华民族价值取向的精神财富，江泽民同志在党的十六大报告中指出："民族精神是一个民族赖以生存和发展的精神支柱，是凝聚和激励民族的精神力量。"胡锦涛同志在党的十七大上强调，要以爱国主义为核心的民族精神和以改革创新为核心的时代精神鼓舞斗志，振奋民族精神。弘扬和振奋民族精神对建设社会主义核心价值体系，坚持和发展中国特色社会主义，实现中华民族伟大复兴具有重要意义。当代大学生作为未来建设国家的人才和主力军，更要培育和振奋以爱国主义为核心，团结统一、爱好和平、勤劳勇敢、自强不息的伟大民族精神。

民族精神是民族生存的脊梁，它不仅使得中华民族创造了灿烂的文明，而且生生不息、连绵不绝，表现出强大的生命力。是每一个炎黄子孙的信心支撑和力量源泉，是中华民族在历史活动中表现出来的富有生命力的优秀思想、高尚品格和坚定志向。同时民族精神能强化民族认同，"民族认同首先是一个民族所有成员对自己民族的自觉认可和自觉归属"。在凯因斯看来，"原生情感世系和血统的联系是族群认同的核心要素之一，然而，一个族群对自己世系和血统一致性的宣称，更多只是一种文化观念传承的结果，并不是对自然事实的确认"。因此，凯因斯认为："对民族的认同更多的应该是文化观念和传统的认同。"事实上，民族认同就是通过民族文化提供的同一角度、共同价值、相近思维，使民族精神的内在感召通过外部纽带和凝聚连接起来。而且文化观念和传统认同的关键就在于对以爱国主义为核心的中华民族精神的认同，如果没有以爱国主义作为基础进行民族认同，那就不是真正的民族认同。

以史为鉴，民族文化认同感强的民族，往往能有效抵御外来侵略，保持团结统一。中华民族经历五千年曲折跌宕始终团结统一，历史认同和民族认同功不可没，其中最重要的就是爱国主义精神。中国爱国主义精神的具体体现则是"精忠报国"。精忠报国的武德意义，在于把"忠"与"国"紧密联系在一起，即对国家忠心不二，公而忘私，国而忘家，以致鞠躬尽瘁、死而后已。

这种民族主义情节贯穿于武术传统和文化形成的整个过程。例如，西汉抗击匈奴的骠骑将军霍去病"匈奴未灭，无以家为也"的豪言壮志；南宋抗金英雄岳飞，忠肝义胆、精忠报国的光辉业绩更是为人千古称颂；文天祥面对元朝的威胁利诱，一身浩然正气，"人生自古谁无死，留取丹心照汗青"就是其爱国爱民族的应有评价；明朝抗倭英雄戚继光钻研武艺，大败倭寇，《纪效新书》成为武学经典；义和团以血肉之躯抗击侵略；历代少林寺僧人以武报国，从十三棍僧到开国大将许世友，都表现出强烈的爱国主义思想和民族大义；以及勇败鲁赛尔、威震十里洋场的蔡龙云先生；等等。民国时期所颁布的《教育要旨》中宣称：国何以强，强于民；民何以强，强于尚武。精武会会歌写道："国不强兮报毁灭，人不强兮难自立。"1911 年发表在《教育杂志》上的一篇文章写道："提倡技击者，则正欲以吾国固有之体育良法，使吾民族有发扬蹈厉之精神，勇气振奋之气概。"这些鲜活的人物和历史事例无疑是培育和振奋大学生民族精神，强化民族认同的最佳素材。

中国武术绵亘数千年而不衰，不仅是武术技艺的继承，更重要的是武术道德的发扬。武术讲究以德明道，以身行道，以技显德，武术文化的德就是仁爱，具体表现在爱人、爱国、爱民族，是武术文化的核心内涵。可以说，武术文化是中华民族文化精神的浓缩，是民族精神最直接、最突出的展现，是培育和振奋大学生民族精神、强化民族认同最好的载体。

（二）促进大学生的身心健康和全面发展

健康为世人永恒的追求，《辞海》将"健康"定义为"人体各器官系统发育良好，功能正常，体质健壮，精力充沛，并且具有劳动效能的状态，通常用人体测量、体格检查和各种生理指标来测量"，这仅指生物层面的健康。1948 年世界卫生组织（WHO）在其宪章中给"健康"下了个定义，"健康不仅仅是没有疾病和衰弱状态，而是一种在身体上、精神上和社会上的完好状态。"这个定义是至今最为普遍，认可度最高的健康概念。这也是健康三维观的起初。就大学生而言，健康三维观涵盖保持身心健康和追求全面发展两个方面。身心指的是大学生身体上、精神上的健康；全面发展则指大学生在社会适应上的完好状态。近年来，高校大学生精神上"不健康"引发的案件屡见不鲜，马加爵"二·二三云南大学大惨案"、药家鑫撞人灭口案、杭州女大学生卖淫大案、江苏大学生传销大案，在我们目瞪口呆间，美国弗吉尼亚理工大学的枪杀案、奥依克斯大学枪杀案接踵而至，我们不禁要问，具备较高知识素养的大学生怎么了？为什么前所未闻的血案、大案屡屡出现在现代教育高度发展的高校校园？媒体、教育专家、社会人士给出了诸多解释。但毋庸置疑的是，我们应该对"现代教育长期全力模仿西方的教育体制，盲目采用西方的课程设置，贯彻西方的教育理念，将我国传统的教育方式教育理念弃之如敝屣"的现象进行深刻反思，"传统教育以人格的养成为贯彻始终的精神。西方的教育内容和方法，对于开启国民知识和普及教育的效果，的确迥非前代可比，但知识并非就是学问。人格的养成和国家民族文化的传承，并非有了知识就能成功。我们现在的教育大体上都是传授知识和技能，并没有真正顾及国家民族承先启后的百年大计"。随着世界文化"发现东方"，国家意识、文化即软实力的意识增强，高校教育迫切需要加强传统文化教育，需要从博大精深的民族传统文化沃壤中汲取营养。

　　"武术成长于中国文化的土壤中，自然融和了中华民族的价值系统、思维模式和行为倾向，形成了独特的文化特质和文化形态。"中华民族文化是"以儒家政治伦理道德哲学为核心，包括各家哲学思想在内的一个具有整体特色的传统哲学体系。"由此，武术在亘古悠远的演化中啜饮着"中国古代哲学的着眼伦理本位，关心现实政治，发挥主体意识，富于辩证思维，强调整体观念，偏重直觉思维，流于经学态度，重视人际关系"所凝结的甘露，逐步形成尚武崇德、德以艺生、艺以德显的武学价值观。主张身心合修，要求"以心行气，以气运身"，讲究"内三合，外三合"，崇尚精、力、气、骨、神内外兼修。在技艺上往往要求把内在精气神与外部形体动作紧密相合，做到"心动形随""形断意连""势断气连"。以"手眼身法步，精神气力功"八法的变化来锻炼心身。既讲克己正身、宽厚谦让，又求自强不息、积极进取。正如《永春白鹤拳、懔十戒》中"戒私斗、戒好胜、戒好名、戒好利、戒骄、戒诈、戒浮夸逞能、戒弄虚作假、戒挑拨离间、戒为非作歹"是武术克己正身、宽厚谦让的哲理显现。历代武学名家如戚继光、霍元甲、许世友、蔡龙云等"为天地立心，为生民立命"的义举，就是"内圣外王""以武报国"、自强不息、积极进取等武学价值观的完美阐释。这对身处价值多变、物欲凸显、工具理性膨胀的全球文化环境中的大学生身心健康和全面发展有着深刻的教化价值。具体表现在三个方面：一是对"身"的影响，即"健身"。武术是身体文化，所以必然有健身的实践价值。武术的习练对人体速度、力量、灵巧、耐力、柔韧等身体素质要求较高，人体各部位"一动无有不动"。通过武术招式的练习，对外能利关节、强筋骨、壮体魄，对内能理脏腑、通经脉、调精神。此外，武术运动讲究调息行气和意念活动，对调节内环境的平衡、调养气血、改善人体机能、健体强身十分有益。二是对"心"的影响，即"健心"。事实上，大学生学武的过程是磨炼心性、锻炼品格的过程，也是品味武学精髓蕴含的民族文化哲理的过程，更是提升和完善自身心智的过程。这一具有人文情怀的主动实践活动在发展人的自然属性的同时表现出对主体的人性关怀，是真正意义上的"健心"。然而，武术是讲究体悟和践履的。正如《拳意述真》所言："法术规矩在假师传，道理巧妙须自己悟会。"这也是武术未得到大学生追捧的原因。他们觉得武术太深奥，不够直接，除去我们武术教育本身的问题外，就是他们长期缺乏"身体力行"的教育。当代大学生可以说是"泡在蜜水中长大的一代"，中华民族吃苦耐劳，勤劳勇敢的特点在他们身上未得到充分彰显。古谚说得好，"不吃苦中苦，难为人上人"，应让沉迷于"快乐体育"，追求"无限制竞争"的大学生通过"夏练三伏、冬练三九"磨炼坚持不懈、持之以恒的意志品质。当然，我们要摒弃传统武术教育里的"渣滓"，遵循"以人为本"的教育观。孔子说："寓教于乐。"只有产生了浓厚的兴趣，大学生才可能去体悟武学精髓。正如毛泽东所说"办法总比问题多"，只要我们认真探索，努力实践，相信武术文化必会绽放出耀眼的光芒，就会完美彰显"内外兼修""练体修心"的健康教育价值。三是表现出对大学生适应能力的影响，即"适应性良好"的完美状态。上面所说的"健身"能增强身体的免疫力，提高对疾病的抵抗能力。此外，"健心"使大学生获得心智的提升和改善，武德会内化为大学生"社会角色"的道德准则和精神规范，外显为大学生对"社会规范"的自觉接受和勇于实践，具体体现为尊师重道、互教互学、以武会友、切磋技艺、讲礼守信、见义勇为，不凌弱势强等社会主义倡导的优良品德，对大学生保持社会"适应性良好"的状态具有积极意义。

武术用身体动作诠释了中国传统文化精髓，是宝贵的健康教育和身体文化资源。它从"健身""健心"和"社会适应能力"三方面促进了大学生身心健康和全面发展。而且武术所特有的"拳打卧牛之地"优势以及丰富多样的拳种和流派也使其实践价值更为凸显。

（三）提供高校构建社会主义和谐校园的文化资源

武术文化里蕴藏着诸多"和谐宝藏"，是高校构建社会主义和谐校园所需要的宝贵文化资源。因为，中华民族自古至今就是一个贵"和"

的民族，"和合"是中国传统文化最显著的特点，也是中国传统文化基本精神的体现。武术植根于博大精深的中华文化沃壤，汲取了丰富的营养，是中国传统文化的积淀和再现，有与生俱来的"和谐"气质和风度。"武术文化世界不仅作为具有独特内容和形式的物质特质存在着，而且还以各种精神特质的形式存在着。正因为文化是超有机体，才能作为一个独立自主的、有价值、有意义的世界来建构一代又一代人的价值意识，影响一代又一代人的心理、性格和行为。"生活在其中的大学生都会自觉不自觉地感受到这种文化环境、情境、情势。会深受其和谐思想的熏陶，培养和锻炼自身的和谐思维、和谐行为，塑造和谐人格，学会学习，学会做人，学会做事，学会合作，学会生活，懂得如何正确处理人与人、人与社会、人与自然的关系。学会在和谐环境里充分发挥自身的知识智能优势，在推动经济社会发展和实现中华民族伟大复兴的历史进程中实现自己的人生价值。

季羡林先生认为，"人生在世必须处理好三个关系：人与自身、人与人、人与大自然"。实际上，武术正是从以上三方面对大学生进行了"随风潜入夜，润物细无声"的教化。

首先，在人与自身方面。武术习练要求"以心合意，以意调气，以气促形，以形合神"，使"心、意、气、形、神"融合于一个整体。如长拳的习练要"手、眼、身法、步，精神、气、力、功"内外四法互相协调相合，浑然一体；八卦拳注重"外重手眼身法步，内修心神意念足"；太极拳更是体用结合，理法兼备，讲究"以心行气""以气运身"，强调"精、气、神"修养。同时，"武术的思维方式是情感体验的意象思维。意象思维是直觉把握，自我体悟原则的重要内容，是个人的思想境界。通过内心对意象的体验来领悟习武的要求，是传统武术的一个基本法则，这也体现了对习武者内心和形体的统一与和谐的要求，使习练者身心的协调度及和谐度在不断的练习中日渐增强"。

其次，在人与人方面。武术文化蕴含着深厚的中华伦理道德观，既讲克己正身、宽厚谦让，又追求自强不息、积极进取，对大学生保持和谐人际关系具有指导意义。例如，武禹襄《十三势行功心解》讲，太极拳要求"内固精神外示安仪""气宜鼓荡，神宜内敛"，习练太极拳可以修身养性，使人具备谦虚谨慎、虚怀若谷的道德品质，培养立身正直，处世稳重、平和、含蓄的心态，使大学生的道德素养得以提升，有利于促进其人际的和谐。再如，武术追求"尚武崇德、德以艺生、艺以德显"的价值观。通过武德教育，培育大学生"仁、义、礼、智、信，温、良、恭、俭、让"等传统民族美德，可以使其在人际交往中明礼诚信，严于律己，宽厚待人，促进其人际关系的和谐。可以说，人际和谐是武术人追求的价值取向。

最后，在人与自然方面。武术主张内外兼修，练内主要是通过以意导气、以形养神、以拳即心、以心而冥。强调自身与整个自然和谐统一，并与四季变化相适应，是中华哲学思想"天人合一"的具体表现，而且和谐思维贯穿于武术整个思维模式与实践范围之中。在对"自然之形"的模仿上，如"动如涛、静如岳、起如猿、落如鹤、立如鸡、站如松、转如轮、折如弓、轻如叶、重如铁、缓如鹰、快如风"的长拳十二型，形意拳中的"马、鸡、虎、猴、熊、鹰、蛇"等拳种派别。"洪拳是以龙、虎、狮、豹、蛇、鹤、马、猴、大象、虎等动物为模型进行创编，有单形拳术，如龙拳、虎拳等；亦有混合形拳术，如虎鹤双形拳、五形拳、十形拳等。著名的拳术八段锦、易筋经等也是依据动物的象形。"在对"自然之意"的追求上，如练习形意拳"需要与四时相配，要顺乎春、夏、秋、冬四季发展的自然规律，即按照自然界的变化来安排练拳，以人体生理变化要适应天时变化为基本原则"。"春天练拳，应注意内气、内劲的焕发，走势宜悠，发劲宜柔，使筋络渐渐舒伸开展"；"夏季练拳，适宜发放劲力，不至于伤肌扭骨或韧带损伤"；"秋季练拳，应少发暴力，练时应内收劲力"；"严冬练拳，应深藏劲力，不可急发暴力"。《八卦拳学》中载：练功者"须择天时、地利、气候、方向而练之"。《少林拳法》中也提出要根据不同的季节和内脏变化，分别练习站功、坐功、卧功等功法，以及秋练脾、冬练肺、春练肝、夏练心等练功原则。此外，武术套路也提出要根据不同的季节和内脏变化，分别练习站功、坐功、卧功等。

总之，武术基于整体观的指导思想，追求天人合一、贵和持中、刚柔相济的哲学意境，崇尚中国传统文化中的中庸之道和调和主义，与和合文化有着深层的契合，应该在构建和谐社会的千秋大业上做出其应有的贡献。

（四）有利于高校武术教育的发展及其学科地位的提升

中国武术作为中华民族优秀传统文化的重要组成部分，长期以来一直作为教化社会成员的重要手段，在历史的长河中发挥着独特的价值和功能。无论是作为强壮身体、保家卫国的手段，还是作为道德教化文化传承的方式，中国武术的教育功能和价值始终在我们华夏民族的社会实践活动中占据着非常重要的地位。武术与教育的"联姻"，不论是在私塾教育占主要教育形态的明清时期，还是在民国的教会学校、新学堂发端之初，武术教育始终存在，没有被割断。中华人民共和国成立以后，由于特殊的历史环境，当时人们认识到的体育作用主要有健身、思想品质教育、娱乐三个方面，其中，最基本是锻炼人的身体。在这种情况下，我国土生土长的、影响了我国几千年历史文化的武术被视为一种为人民健康服务的体育，国家将其纳入体育部门管理范围，武术成为我国体育的一部分。

时至今日，武术课作为高校武术文化最为重要的"传布中心"，受体育教学思想的影响，注重技能学习，严重缺乏武术"文化养料"的滋补，人文内涵匮乏，教育蜕为教学，教学蜕为训练，树人育人的过程日渐变成考试之学、技术之学，大学生对武术的认知不足，对武术文化的情感淡薄，已经威胁到武术文化传承的连接。在武术文化意义的传承上，存在着极严重的名存实亡的现象。究其原因，多年来，武术进入学校后一直以体育项目存在，其文化价值没有得到真正体现。人们对待武术一如对待西方体育项目，以西方体育价值观的角度认识武术，缺乏对其传统文化内涵的深入认知，致使武术看似进入了教育领域，但只属于体育专业中的一个体育项目。武术的发展模式并未突破西方体育的局限，缺乏传统文化的特色。正如王岗教授所言："目前我国大、中、小学武术教育的现状是：正处于'表面繁华'遮蔽中的'名存实亡'的尴尬境遇。造成如此现状与问题的症结在于我国的学校武术发展始终是'捆绑'和'寄生'在西方体育的状态之下。"此观点虽然尖锐，但切中要害。没有文化之魂的武术，已经沦为一具"无意识的躯壳"，褪去了往昔国人"衣带渐宽终不悔，为伊消得人憔悴"的仙姿侠貌，也对此表现出不屑一顾。尽管武术早在 1916 年就开始进入学校，又在不同时期编入大纲、列入课程、制定教材。但在学校中并没有实现根本的普及，甚至在许多学校"名存实亡"，采用西方体育运动项目的学校体育教育，正在使一代代炎黄子孙遗忘这维系民族命脉的传统武术文化。

武术高于体育，属于文化，它在中国传统文化的规范下形成了强调整体合一、注重道德修养的技术体系和教练原则。武术的教育功能是不同于其他体育项目的，也不同于语文、历史、德育教育。它是文化教育和身体教育的有机统一。它不仅能让习练者通过练习武术、学习和理解中国文化中的整体特点、伦理特征和辩证特色，还能将这些有利于人类进步与和平的知识内化为习练者的行为准则，取得良好的教育作用。因此，面对当前武术教育现状，所有热爱武术的有识之士都大声疾呼"国家各部门（教育部、文化部、体育总局等）应共同协作，站在国家高度，民族立场，出台相关的政策，给武术以扶持，把武术作为国人的必修课。"魏徵曾言"兼听则明、偏听则暗"，因此我们参考了同属"儒家文化圈"里的日、韩两国柔道、跆拳道的学校教育情况。在韩国的学校体育领域，跆拳道是必修课程，而且教学正规，已形成科学、独立的理论和教学体系。1911 年日本的师范和中等学校体操课开始采用柔道。1931 年柔道成为师范学校、中等学校体操课的正课。进入学校使柔道获得了稳定的传播对象，并提升了柔道本身的社会地位，使其在民族体育中处于优势传播地位并很快在整个日本传播。虞定海教授认为面对世界激烈的文化竞争、文化侵略和文化帝国主义，提升文化软实力的重要措施之一就是加强学校课程文化的民族性，重视民族文化在校园中的传承与建设。武术作为各级各类学校体育课中的"民族"成分，受到的文化挤压尤其严重，要使蕴含我国优秀传统文化基因的武术文化保持、传承下去，就必须以学校课程为基础，积极改革学校武术课程设计、教学内容、形式，构建学校武术文化教育平台，形成一种崭新的课程形态和文化主体姿态。事实上，武术教育功能的重新认识正是武术文化自觉的重要体现。我们所研究的高校武术文化教育建设也正是鉴于高校武术教育流于技术层面的"补救之法"。试想，如果高校武术课完全能承担起武术文化传承的重任，那么高校武术文化教育建设也就成为无意义之举。反过来，高校武术文化教育建设也会推动高校武术教育的发展及学科地位的提升。首先，武术所蕴含的深邃的意境神韵和丰富的文化内涵需要大学生长时间甚至用一生的周期去体悟和意会才有可能获得。可实践中，高校武术的教学时间是有限的，教学内容也以现代武术为主。因此，势必改革现有的武术教学课程设置，也就是产生了学科提升的实际要求。其次，随着高校文化建设的不断推进，校园文化内容设置、教学等方面有了很大的自主性，因而在教育内容上就有了更多的选择，同时师资教育、场地器材设施建设的深化与改善，为武术教育发展和其学科地位提升提供了可能。最后，社会主义文化大发展、大繁荣的文化生态环境为高校武术教育的发展及学科地位的提升提供了广阔的文化生存空间。

（五）培育、弘扬民族精神

文化是民族的重要特征，也是构成民族精神的核心要素，民族文化的传承则是民族共同体形成和发展的重要机制。一方面，共同的民族文化不仅是民族共同体可以识别的符号，而且是这个共同体存在和发展的精神维系。只有通过民族文化的传承，才能实现这种维系民族共同体的精神文化的生产和再生产，民族共同体才不会分裂；另一方面，也更为重要的是，民族文化的深层次结构构成文化的核心，这核心联系着民族的深层次心态结构和认同意识，同时也建构着这深层次心态与意识。民族精神是民族文化的核心、灵魂。江泽民同志在党的十六大报告中指出："民族精神是一个民族赖以生存和发展的精神支柱。一个民族没有振奋的精神和高尚的品格，不可能自立于世界民族之林。在五千年的发展中，中华民族形成了以爱国主义为核心的团结统一、爱好和平、勤劳勇敢、自强不息的伟大民族精神。我们党领导人民在长期实践中不断结合时代和社会的发展要求，丰富着这个民族精神。面对世界范围各种文化的相互激荡，必须把弘扬和培育民族精神作为文化建设极为重要的任务，纳入国民教育全过程，纳入精神文明全过程，使全体人民始终保持昂扬向上的精神状态。"中华民族精神内涵丰富、博大精深。而武术文化承载了中华五千年的文化精髓，凝聚着伟大的中华民族精神。

把以爱国主义为核心的民族精神展现得淋漓尽致的武术文化，其发展史与民族发展息息相关，是民族精神的写照与历史的反映。以驰名中外的少林寺为例，少林武术作为中国武术中历史最为悠久、内容最为丰富的武术派系一直对中华武术事业的发展起着积极的推动作用。据《宋史》和《少林寺武僧集录》记述：北宋末年，宋代少林寺抵抗金兵入侵，为数众多的习武僧人舍家为国，不惜流血献身，体现出他们视国如家、忧国忘身、"内圣外王"、匡扶正义、普度众生等至高无上的精神境界和道德品位。明代少林寺在抗倭的战争中，少林武僧个个英勇无比，他们舍生忘死、前仆后继，多次血染疆场，尽忠报国。有关少林寺僧抗倭卫国战争的英勇事迹，不少文献均有记述。他们忠于祖国，忠于人民，不惜抛头颅、洒热血的爱国壮举，在后人心目中竖起了座座丰碑。少林武术是中华武术的缩影和代表，具有厚实的文化底蕴。今天重温它的爱国故事，歌颂他们的民族精神，实际也是在讲述整个中华武术的精神与境界。在武术教学中，通过向学生讲述这些武林志士的爱国事迹，使学生在学习武术技能的同时，受到爱国主义教育，产生强烈的爱国主义情怀，振奋民族精神。

武术是中华民族传统文化的一个载体，是体现中华民族精神的一个重要窗口。我国素以"礼义之邦"著称于世，公忠为本，精忠报国；匡扶正义，侠义勇为；尊师重道，仁爱孝悌；重义轻利，诚实守信；自强不息，积极进取；吃苦耐劳，意志坚强；谦虚礼让，宽厚待人；克己奉公，厚德载物；求真务实，表里一致；勤劳节俭，操守气节……这些内容既是中华民族的传统美德，是民族精神的具体体现，也是习武之人的修身之道。使学生传承武术文化，也是对其进行民族精神教育，是在教育价值取向上关注学生的精神处境、精神发展和精神生活。民族精神教育是凝聚力教育、震撼力教育、意志力教育和创造力教育。通过武术文化传承向学生进行民族精神教育，可以使学生具有较强的民族精神意识、较高的民族精神素养、较好的民族精神品格，使其更好地传承民族文化和民族精神。

（六）拓展武术文化的本土传承、弘扬中华武术文化

中国是世界武术的发源地之一，国际武术界不断从中国武术中吸取涵养，尊称中国武林是当今国际武坛的鼻祖。学习武术，培养武德，弘扬中华武术文化要从青少年抓起。学校从来都是文化传承的主渠道，应把弘扬优秀传统文化和培育民族精神纳入学校教育的全过程。同时，武术在学校中的传承对于传播和弘扬武术文化发挥了重要的教育和宣传作用，同时拓展了武术的本土传承渠道。武术文化在学校教育中的传承，打破了单纯"师徒""家族"制的武术传授模式，实现更大范围、更大规模的推广。中华武术是中国奴隶社会、封建社会的产物。在封建大一统思想下的自然经济所形成的自给自足，对社会生产力的提高施加顽固的消极影响，表现在文化领域就是其强大的封闭性，武术深处其中，自然不能例外。长期的宗族社会结构，再加上当时的社会环境以及习武人自身观念的限制，使他们视"武术"为绝技，多采用家传、族传或宗传方式而不传外人，因此武术形态上的开放也就自然不能实现。长期以来，武术受到了教育者和管理者的广泛重视，认识到武术在学校中本土传承的重要性。早在西周时期，学校教育中就安排了"习射""短打"和"剑术"等各种武艺的习习和演练；明代后期，从中央国子学到地方府、州、县，均实行"儒生习武"；等等。中国武术不仅是体力与技法的结合，它还是民族智慧的结晶，是民族传统文化在武技一道的体现，也是民族心理个性在健身自卫领域的合理反映。武术作为一种文化活动和文化现象，在漫长的社会发展中逐步形成，并积淀了深厚的民族文化精神。中华人民共和国成立以来，教育界的专家学者对于武术的教育功能进行了肯定和挖掘，将武术和其他民族传统体育列入体育教育的内容。应该说，学校武术是传统武术的文化性和教育性功能的重要体现。

最后，正如邱先生所言"武术的文化研究、教育研究两者是一致的、通融的，又有不同的侧重面。希望领导机构和管理部门当作一项重

要的战略问题来研究"。从发展的角度来看，武术教育问题更为迫切，因为现在的学生就是未来掌握着武术发展方向的主人。

第二节　高校武术文化教育建设的要求

综观武术发展史，其是由一连串"武术应然要求"及"由武术应然要求转化为武术实然存在"所架构和连贯而成的。"应然"是指事物应当存在的形式，是一种价值陈述，属于价值判断中的规范判断，而"实然"是事物或规则在实际生活交往中存在的形式、关系，是对事实的陈述，是关于事实的判断。一般认为，实然是应然的必经阶段，而应然是实然将会达到的状态。马克思认为："应然的存在是必然的。人们事先必须从自己的需要和客观实际出发，形成'理想的意图'，对客观提出'应当如此'的要求，并把自己的活动变成自己意识和意志控制的对象，才能从事实际的改造活动。而且应然并不是先于实践而存在的，它本身也是实践的产物。"

当代高校中武术文化建设的应然要求也正是立足于文化大发展、大繁荣对武术文化的要求，从当代高校武术教育实践中逐渐形成的理性认识。

一、武术形象的重新塑造和价值定位

"抚摸武术的发展史，那是怎样的蜿蜒曲折，怎样的悸动和感激。在这一过程中作为历史的主体，我们在目击、在幻想、在追忆、在言说、在感激和痛苦。"反观历史长河中，从武术萌发之初的"生存而斗"到踏入军营的"金戈铁马"；从热血江湖的"刚直侠士"到华美宫阁的"精绝武舞"；从抗击外侮的"铮铮铁骨"到期盼民族复兴的"强种保国"，总是深层而刻骨地重塑着我们的"心理印象"。武术一次次华丽的"变身"，集技击之大成，蕴哲理之奥妙，曾存在于光明璀璨的盛世，也曾度过阴暗空荡的黑夜，几经压迫，几经禁断，它不但没有夭折、泯灭，而且以顽强的生命不断向前，其亘古不变的就是中华民族的气息以及对热爱者"内外兼修"的教化价值。在武道虔诚追寻者心中，练武就是一种追寻道的过程。近现代武学大家如孙禄堂、王芗斋、马凤图、李小龙等，皆是把儒释道真谛以及西方哲学思想援引到武学文化的哲学大师，他们创造的孙式内家拳体系、意拳体系、通备体系以及截拳道体系，与其说是技术上的训练，不如说是灵魂上的洗涤。武术之所以具有化育和塑造人类心灵的魔力，与其武德的规范和儒化有直接关系。武德贯穿于社会习武群体生活的各个方面，也伴随着习武者习武、用武、施武、从武的整个过程，在汲取传统伦理道德的基础上形成了以传统道德的忠、义、信、刚、毅、勇、诚的道德条目为价值内核，以仁、宽、恕、礼、让为处世手段，"外柔内刚、刚柔相济、锐意进取"的道德准则。也正是由于教化价值的外显，武术得到世人从灵魂的底层所极度渴求的痴爱。导演李安说："《卧虎藏龙》除令外国人领略到中国武术的美外，中国传统的儒、道观念、中国山水之美、中国人对'侠'的定义、中国人对感情的态度，也或多或少地进入了他们的脑海，今后不再只是中国受外国影响，外国人也会开始接受我们电影的影响。"《卧虎藏龙》无疑是成功的，其对武术形象的重新塑造和价值定位也是积极的。

众所周知，教育从来就没有一蹴而就方法，武术教育也没有一劳永逸的速成。如果说漠视武术教育就是拿武术未来开玩笑，那么，当学生打一套拳仅仅是为了考试，武术课只是为了混混学分，这种技术实用主义的武术教育则潜伏着更深层的未来危机。武术固然有强身健体功能特别是具有技击的独特功能；但其更为本质的价值在于对人的文化培养和精神熏陶，其最终目的应该是促进人的全面和谐发展。例如，加拿大安大略省武术联合会会长艾琳·浮士特说："练习武术会激励人发奋和上进，我们的武术运动员中很多都是同龄人中的佼佼者，是大学奖学金的获得者。武术训练告诉他们，要追逐生命中最好的、最棒的。"这是固守武术教化之道的领悟，它也反哺于加拿大武术的发展，"2006 年来，武术参与人数增加了 400％。正式注册会员在 5 年里上升到 5000 人"。可见，武术文化形象和教化价值定位不仅推动着武术的发展，更为重要的是人们借助于武术的教化之道推开走向卓越生命道路的大门。所以说，推崇"内外兼修"的意义在于，敦促所有的练武者通过武术感悟生活的真谛，从而求得身心的全面、和谐发展。由此，在文化是民族的血脉和灵魂，是国家发展、民族振兴的重要支撑，是实现中华民族伟大复兴的必然选择的形势下，武术作为一种中国文化现象，其形象的重新塑造和价值定位，将是其发展的必须和必然。

二、武术段位制的可持续发展

武道为了评价修炼的过程，按级别来建立制度，这能判断其人的人格水平。例如，"段"可以说是跆拳道的秩序、人格，因此，分"级""品""段"的跆拳道的制度是对跆拳道水平进行合理评价后赋予资格。

跆拳道近年来拥有数千万的受众，其"天下第一搏击运动"的美誉与段位特权不无关系。自中国武术段位制诞生，众多学者就常用跆拳道段位制度为参照物探讨其可持续发展的问题。因为，对"他者"进行观照，才能更清楚"自我"。就文化学的意义，这是一种文化自省。文化自省是在文化自觉基础上的自我省察、反思和理性批判，是一种文化的自我调节和自我免疫。没有自我批判精神，就不能清醒地认识到自身文化的不足以及与其他文化的差距，就无法创新、进步。而且，党的十七届六中全会通过的《中共中央关于深化文化体制改革推动社会主义文化大发展大繁荣若干重大问题的决定》，从八个方面分析了当前文化领域存在的突出矛盾和问题，其中包括一些地方和单位对文化建设重要性、必要性、紧迫性认识不够的问题，亟待进一步深化对推进文化改革发展重要性和紧迫性的认识，增强全党全社会的文化自觉。由此，我们可以做这样的推论：既然武术作为中国的身体文化是毋庸置疑的事实，那么，依存于武术而诞生的中国武术段位制无疑将是一项文化事业建设，其制定、推广及可持续发展应该更需要文化思维和文化视野。

中国武术段位制经过 1995 年 10 月试点操作后，于 1998 年 1 月 1 日起在全国范围内全面实施。曾得到广大武术家及武术爱好者的认同，在一段时间内掀起了考段晋段热潮，但武术段位制在推广方面存在着一个重要缺陷，即"打、练分离"。一个套路段位拥有者可能不会"踢、打、摔"，会"踢、打、摔"的散打段位拥有者可能不会中国的武术套路，这种弊端一直是武术界的一大困惑，因此，有人认为中国武术段位不能全面真实地反映习武者的技术水平。另外，武术段位制由于结构复杂、跨度较大，练习起来难度较大，相对而言更适合专业运动员。因此，中国武术段位制经过短暂的"喧哗"后，逐渐走向"寂静"。究其原因，其一是源于文化思维的缺失，现行武术段位制用割裂的观点审视武术，认为功法、套路、散打任意一项都等同于武术，导致武术习练者仅依靠三者中的一项就可以获得武术某段的称号，使现行的武术段位制既陷入"打、练分离"的两难窘境，也丧失了公平衡量武术修为的存在价值。其二是源于文化视野的遮蔽。中国武术段位的获得，仅仅是一种称号，没有参加任何活动的特权，只是对于个人技术水平、理论、贡献的一种评定，甚至对于武术高段位者，也只是荣誉的象征。由此，缺乏文化受众和推动力的武术段位制沦落为部分人的"自娱自乐"，自我筑起了发展的"藩篱"。所以有人感叹，"要想使武术段位制引导民间武术传人或广大武术爱好者提高技术水平，就应该降低段位升级的难度，使其满足武术爱好者的需求。要想让别人接受并传承一种文化，首先自己先必须了解并掌握它，使其既具有中国文化特色又易于推广，在此基础上加以一定的创新和包装，这样才能更好地普及和传播这种身体文化。

事实上，从制定中国武术段位制的初衷——"在于注重理论与技术相结合，强调武德武礼的规范，习武先习德；尤其是段位，要以弘扬武术精神为己任，继承与发展武术传统文化为目标"可以看出，中国武术段位制定应是彰显武术文化的官方权威认证，尤其对处于武术教育关键期的高校大学生具有重要的激发情趣和引领风尚的实践价值。其一，有利于高校学生在学习过程中有一个阶段性的认可，使其产生"跳一跳，摘桃子"式的不断进步的成就感；其二，有利于加强和引导学生对于武术精神和文化内涵的领悟。最为重要的是，武术段位制以文化自信姿态主动占领高校文化阵地，是武术文化发展与更新的重要举措。但当下的武术段位制显然无法达成如此效应。因此，高校要促进中国武术段位制的可持续发展，首先应明确并高度重视武术段位制从制定到推广，再到发展是一项文化事业建设的重要性、必要性和紧迫性的体现。其次，依据《中共中央关于深化文化体制改革推动社会主义文化大发展大繁荣若干重大问题的决定》（以下简称《决定》），发展文化产业是社会主义市场经济条件下满足人民多样化、多层次精神文化需求的重要途径。中国武术段位制必须转变固化的"体育小圈圈"思维，以文化思维跨越"打、练分离"的两难窘境，真正履行合理评价武术修为的职责并担负起彰显和弘扬武术文化的存在价值。最后，深刻理解、准确把握《决定》提出的，发展文化产业是增强国家文化软实力、扩大中华文化影响力、维护国家文化安全的重要手段的理论。中国武术段位制的推广要有文化视野，使其成为武术文化传播的可靠平台和价值载体，尤其在当前，"中国武术礼仪主要在拜师学艺的虔诚、以武术会友的谦让中体现，跆拳道的礼仪贯彻到训练和生活的始终，对于练习者培养良好的行为规范有良好的作用"等类似的论调，反映了当前社会对武术认识上普遍的文化缺失。在"他者"面前，武术没有足够的文化自信。因而，武术段位制必须与时俱进地完善和提升武术教化价值及武德方面的衡量标准和评价指标，以起到"正本清源"及传承与更新武术文化的重要作用。假如，不能把冷峻苍白的初衷转换成真切实际的行为策略，依然遵循固有思维，囿于竞技运动视野，中国武术段位制存在的价值最终只能无可奈何地被衰减和弱化，初衷也就愈行愈远。

在当前文化大发展、大繁荣的伟大历史进程中，武术段位制可持续发展的轴心就在于武术教育，尤其是高校武术教育。而这一切的前提，是要有文化思维和文化视野。

第三节　高校武术文化教育建设的路径

高校武术文化教育建设以传承武术文化为最终目标。依据高校武术教育现状，围绕高校公共体育课和高校武术协会两个维度，在高校范围内对武术文化的传承和更新做统一的、系统性的规划与布局。其中，传承武术文化是"应然"，高校武术教育现状是"实然"，"实然"中产生"应然"，"应然"也改变着"实然"。黑格尔用"中介"来表征不同范畴之间的间接联系和对立范畴之间的相互关系。在黑格尔哲学中，肯定—否定—否定之否定，即正—反—合，是一种基本的理论工具和方法。黑格尔认为，事物的否定之否定的过程，本质上来讲是事物自身运动的过程，同时也是事物内部矛盾的各个方面互相转化的过程，而这种相互转化过程中的关键环节即是中介。离开了中介，事物就无法相互转化，也就不可能实现发展完善。

本质上说，武术教育应该就是"应然"改变"实然"，到达理想彼岸的中介，而作为中介的武术教育不仅包含器物层面的教学，同样涵盖着更为深层的价值层面的教育，是武术文化得以传承和更新的根本所在。从实践上看，高校公共体育课、高校武术协会以及高校民族传统体育专业教育是高校武术教育的重要环节和影响因素，由此，高校公共体育课、高校武术协会以及高校民族传统体育专业教育也成为高校武术文化教育进行的必然路径。

一、以高校公共体育课为依托传承武术文化

武术追求内外兼修之功，要求武德与拳理，技术与修养结合，成为武术育人的最高境界。这是武术文化的精义，也是武术的"教化之道"。我们以高校公共体育课为依托传承武术文化时，首先应构建彰显武术文化价值的课程目标与评价体系。因为，从文化学角度看，武术的课堂教学属于文化行为，它既参与了传播文化，也映现出文化。无论教学内容、教学目的还是教学过程，都让武术的生命得以延续，渗透着民族文化意识，张扬着民族文化精神。而且，由于武术课程隶属于大学体育与健康课程，在泰勒经典的"目标—行为"二维模式中，武术课程的教学只能以学生达成的行为活的实现课程目标。要达成以高校公共体育课为

依托传承武术文化的目的，必须树立武术文化课程意识。虞定海教授认为："武术课程在明确体育与健康课程'技能、方法、态度'共同理念的基础上，在体现普及性、基础性和发展性的前提下，积极构建武术课程目标'态度''策略'和'能力'三足鼎立的基本框架。"并且要细化为学生的学习评价指标，目的是引导和修正传统的武术课堂教学，为武术文化教育奠定理论和实践依据。

其次，应依据"高校体育课程内容的选择应具备健身性与文化性相结合、选择性与实效性相结合、科学性和可接受性相结合、民族性与世界性相结合"的原则。从弘扬我国民族传统体育，汲取民族优秀的身体文化，体现时代性、发展性、民族性和中国特色的角度出发，敦促国内所有高校将武术列为普通高等学校公共体育必修课。对以往"无论在教学指导思想、教学方法还是授课形式、技术体系等方面，借鉴苏联、西方体育模式，成为与西方体育运动项目毫无差异的身体活动课程"进行文化改造，有机渗透武术文化教育。让武术文化绽放出璀璨的光芒，我们的大学生自会感召到武术文化使命的召唤，进而通过体行和践履，自觉履行传承与更新武术文化的伟大历史使命。

最后，应该努力争取高校教育机构和管理者的支持。武术"崇德育人"的文化价值既是形成高校先进文化价值观的文化资源，也契合建设"有中国特色"高校的价值旨趣，其反哺于高校文化建设，可以加强高校文化素质教育，有利于高校人文内涵的提升和完善，是当代高校文化建设所需。而且，在"文化是软实力"的国家文化自觉的社会背景下，纵览我国高校文化阵地，以西方体育文化为主的域外文化居于重要位置。中国本土的身体文化却被丢在了一个冷淡的角落，甚至在部分高校还出现了领导批准跆拳道、瑜伽等项目的开设而取消武术项目的行政行为。因此，要实现以高校公共体育课为依托传承武术文化的目的，并将其融入高校整体文化建设中，就需要教育机构和高校领导的支持与重视。

武术是中国的身体文化，其文化价值在于，通过"内外兼修"的教化之道步入身心和谐发展之路，对当代高校的师生有深刻的教育意义和实践价值。而武术文化要得以传承和更新，最为重要的是加强武术教育理论研究，为学科的发展，特别是教育地位的提升，奠定稳如磐石的理论地基。此外，就目前而言，武术教育由技能传习向文化传承转变尤为关键。长期以来，武术教育固于技能传习的僵化体育思维，文化元素急剧流失，教化色彩褪尽。在大学生眼中，武术和其他体育项目没有差别，直接威胁到武术文化传承的连接。武术是民族文化的瑰宝，我们不能也不该让它消失在现代化进程中。最起码，我们要为后辈们保存一次选择的机会。

二、以高校武术协会为阵地传承武术文化

高校武术协会是喜爱武术的大学生根据国家教育部颁布的《普通高等学校学生管理规定》中有关学生社团的规定，经所在学校团委承认并正式登记注册的学生组织。武术协会成员们普遍具有传播武术文化的心理特征和行为趋势，而高校武术协会的组织活力就在于成员们的武术情感以及由此诱发的习武实践。回顾高校武术协会起起落落，高潮低伏的发展历程，可谓是高校版的现代武术发展的缩影。高校武术协会在经历了 20 世纪 80 年代的辉煌后，如今在校园已是"流水落花春去也，天上人间"。由此，为达成高校武术协会为阵地传承武术文化的愿景，有必要对其发展史进行梳理和审视。

如今，我们传承武术文化，是以"建设中华民族共有精神家园"为价值旨趣的。在历史长河中，中华武术积淀了博大精深的文化载量和一以贯之的文化命脉，从最初的格斗技逐渐发展成了成熟的身体文化，蕴含着中国人的处世哲学和为人之道，折射着民族文化个性的光芒，对当代大学生的健康成长有重要的教化价值。具体体现在对武技长期艰苦的练习，从磨炼筋骨入手，进而修身明德，最终追求"内圣外王"的生命极尽升华之路。毫无疑问，武术的武技凝结着中国人的智慧和中国文化的无限灵气，是武术具体存在的印象，也是文化载体，更是武术教化之道的起初。但它只是武术文化器物层的东西，我们要传承的武术文化还包含更为深层的内容，那就是武术的价值观和道德观，其合力促使武术教化价值的实现。而武术的教化价值应该就是"武术的本来面目"。然而，武术厚重而博大的历史沉淀和文化积聚难免有封建残余和精神糟粕偶尔泛起，也因为如此，世人对武术存在着误解和褒贬。从高校武术协会在高校的现状看，如何聚集"正能量"，是传承和更新武术文化的关键。

"正能量"本是物理学名词，霍金在《时间简史》中就用过："宇宙中的物质是由正能量组成的。"郝铭鉴教授认为，"正能量"是一种健康乐观、积极向上的动力和情感。而"正能量"成为 2012 年社会十大流行语，反映和高度概括着当今社会的文化心理。也就是，人们在高度物质追求的欲望驱使下，渗透出对普遍存在的道德危机和行为失范现象的

心灵躁动和惶恐，由此，人们更为渴望心灵慰藉和人文精神的回归。以高校武术协会为阵地传承武术文化同样有赖于武术正能量的唤醒。一方面，就是要固守武术教化价值。近代，武术以奥运为主线的发展，表现出武术文化自觉、自信的缺失，带来的是武术和域外体育千篇一律的社会欣赏趣味以及本真价值偏离。但是，从正能量的角度，武术体育化也为武术的发展提供了国家支持平台和世界范围的武术运动传播。诚然，现代武术中较少体现出民族文化内涵，但不可否认的是，其所表现出的一切正是本属于武术文化的部分。由此，不必深陷于现代武术和传统武术的纠葛，而应清楚认识到现代武术和传统武术只是武术的两个分支，而武术最为本位的则是它的文化和道德观及对于人的教化价值。由此，以高校武术协会为阵地传承武术文化时，切不可囿于所谓的现代与传统之争而厚此薄彼，但应有缓急。高校武术协会作为热爱武术学生的集合，应该成为固守武术本真价值的实践阵地，而不是虚伪地活跃于商业活动中，热衷于校际活动联谊中，陶醉于优秀社团评选中。武术是教人向上的，是催动人心灵的载体，但必须付出真诚的渴望和坚持。学武就是选择一种生活方式，淬炼一种思维方式，遵从一种行为准则。因此，高校武术协会发展的原动力就在自身，就在于对武术真心付出的身体力行。应该让高校武术协会成为高校的武学圣地，让大学生真正体会到武术的独特魅力，领悟拳理的精妙，获取身心的和谐，达成自身极限的突破。另一方面，遵从"尚武崇德，德以艺生，艺以德显"的行为规范。武术的魅力在于功力的高深要用德行来衡量，如此方成正道。习练者通过对武德的深化认识，规正和约束自己的行为，这是重要的习练武术的方向引领。因此，高校武术协会对会员的行为和品德要有相应规章制度的明文规定，要求会员遵从武德的规范，将其内化为自己的品性，外显为处世、为人之道，这才是最好的传承武术文化的方式。例如，在从事公益活动、慈善活动时应该勇挑重担，敢为人先，聚集武术文化的正能量，以此感染和传递给周围的同学们。再如，有时只需要在同学们摔倒时拉一把，或者把球场上的空瓶放入垃圾桶，无不能体现习武人良好的道德素质和人生修养，即一个人的武德修养体现在他的行为举止上，而不是所习得的武技的多少或高低。

高校武术协会是学生自发组织的社团，其缘由正是成员们对武术的痴爱。因此，武术协会是深化高校武术文化的关键环节。如果说，高校公共体育课代表着武术文化传承的广度，那么高校武术协会则是武术文化传承的深度所在，两者构成高校武术文化教育建设的双翼。

三、以高校民族传统体育学专业教育为武术文化建设的动力源泉

"学高为师，身正为范。"高校武术文化教育建设急盼既有躬身践履武术文化的实践体悟，又具备现代教育理念及技能、德才兼备的专业武术教师。因为，在学生的眼中，武术教师就代表着武术的形象，其一举一动无不影响着学生对武术文化的认知。无论是高校公共体育课还是高校武术协会都凝聚着武术教师言传身教的汗水，他们所彰显的精湛技艺和文化学识是引领学生步入"身心一统"的武术文化世界的第一缕阳光，尤其是武术教师的品格和道德修养会印刻在学生的心灵深处，内化为学生学习武术的行为准则，会真正激发学生对武术的情感，使学生认真体悟武术的本真价值。正是在这样的教与学中，武术文化在传递、在延续，最终得以传承与更新。可见，武术教师是武术文化在高校的传承者，更是实施和推动高校武术文化教育建设的根本动力。

长期以来，高校民族传统体育学专业作为我国培养专业武术教师的"摇篮"，为学校输送了大批德才兼备的武术教师。他们踏上教学岗位后，切实推动了学校武术教育的发展。从这个意义上说，高校民族传统体育学专业教育是高校武术文化教育建设的动力源泉。因为，高校民族传统体育专业的课程内容对培养对象的知识结构和才识水平有着深刻而重要的影响，已成为培养"复合型"武术人才的关键因素。随着社会文化生态的变迁，以武术为主干课程的民族传统体育学专业的课程建设也要紧跟时代的步伐。2011 年 10 月 18 日，党的十七届六中全会审议通过了《中共中央关于深化文化体制改革、推动社会主义文化大发展大繁荣若干重大问题的决定》，"这是为实现中华民族伟大复兴而做出的战略部署，需要全国各界积极落实。武术作为中华文化宝库的重要组成部分和中华民族一项典型的本土项目，在推动社会主义文化大发展大繁荣方面具有义不容辞的责任。"然而"在西方体育教学思想和理论体系的影响下，武术在不断照搬和模仿中渐渐偏离了中华传统文化根基，逐步运动化、体育化，继而走向边缘化"，尤其是在武术教育领域。长期以来，固守体育思维、注重技术层面的学校武术教育，不仅拒传统拳种于千里之外，而且严重忽视武术文化传承，导致武术的民族文化烙印被淡化，民族文化身份被遗忘，武术的教化价值更无从谈起。在学生眼中，武术和其他体育项目没有差别，如"老师，非得学武术吗？打球不也一样能强身健体吗？"映射出武术所面临的严峻的文

化传承危机，如果说"体育课增加武术等内容"是国家基于武术整体认知的文化需要，那么，"面对武术文化传承尤其是传统武术继承的重要历史时期，高等院校的民族传统体育学专业便肩负了继承和发扬武术文化的历史重任。"

第四章　高校武术文化教育
对学生素质培养的研究

第一节　高校武术文化对学生人格塑造的影响

一、人格的内涵

人格是一种具有自我意识和自我控制能力，具有感觉、情感、意志等机能的主体。它可以离开人的肉体，离开人所处的物质生活条件，而独立存在于人类的精神文化维度里。人格主要是指人所具有的与他人相区别的独特而稳定的思维方式和行为风格。

人格是指一个人整体的精神面貌，是具有一定倾向性和比较稳定的心理特征的总和。人格是法律上做人的资格，是自然人法律上的概念，是自然人主体性要素的总称。人格也称个性，是个体在遗传素质的基础上，通过与后天环境相互作用而形成的一种比较稳定的行为模式，既包括兴趣、爱好、需要、理想、信念、性格、气质等心理成分，也包括个体的道德、思想、行为、态度、能力及社会责任等方面。健全的人格是指人格全面、健康、和谐地发展，并在身体上、心理上以及社会上都能保持良性的互动。从"人格"的词义上讲，有两个非常重要的含义：其一，人格包括了外在的行为和内在的品格两方面的内涵；其二，外在的行为和内在的品格之间的关系是难以把握的，但也是可知的，需要考察个体在不同环境下的行为表现。

人格的含义包括三个方面：第一，人格包括外在的行为表现和内在的心理品质，而且两者之间是存在着密切的联系的。第二，行为模式既受到内在品质的影响，也受到环境因素的影响，内在的品质是相对稳定的，但是行为表现却是千变万化的。第三，仅仅通过行为表现是难以了解个体的内在品质的，需要综合考虑环境因素、个人目标以及行为表现，才能准确地把握个体的整体特点。

人格塑造是实施素质教育的重要组成部分，它侧重于人自身的人格素质培养及人格要素的调整和完善，并实现健康人格目标。大学生健康人格塑造则是依据人格形成的条件、规律和健康人格目标以及大学生身心发展特点，积极创造条件，帮助大学生通过自身的努力逐步改善自己的人格结构，使自己的人格逐步健康化的过程。

大学生健康人格的塑造能够培养其建立和谐的人际关系、养成良好的社会适应能力、形成乐观向上的生活态度和良好的情绪控制能力，除此之外，还应该关注其创造性人格、协调人格、权利人格和个性人格的培养，这是当今社会赋予大学生健康人格塑造的重要内涵，也是当代大学生人格塑造人性化的必然追求。人格是每一个人所具有的独特的心理特征，这种心理特征反过来表现出不同的人格。因此，我们说人格魅力，即人的完整，而人的完整，最关键的是人格完整人格塑造具有发展性和可塑性的典型特点，大学生已受过多年的教育，也是培养人格的关键时期。

二、武术道德的行为规范对高校学生人格塑造的作用

作为校园武术文化的重要特征之一，武德对高校学生人格塑造也有着重要的作用。传统武德在民族文化的土壤中孕育、生长，其在发展过程中很大程度上受到了中国传统文化的影响。武德作为一种社会现象，一种传统文化的表现形式，在几千年的历史过程中，已经渗透了民族传统的价值观念、宗教信仰、风俗习惯、生活态度以及行为准则。在构建和谐社会的进程中，武德对规范行为将起到重要的作用。思想道德素质是人们在思想上的修养，良好的思想道德素质是形成正确的人生观、世界观以及价值观。它指引着人们运用社会规范准则来约束自己、监督自己并且不断完善自己。武德教育往往能帮助习武者形成正确的三观，以正确的人生观、世界观和价值观去看待问题，适应社会的需求和发展。

校园武术文化中核心精神性的内容便是要做到追道求理、德艺双修，规范、引导和谐人生。长时间习练武术，能够不断加深习练者对武德的体悟，其对自身的磨砺也日益增进，从而达到对人生的修行完善。《练兵纪要·练将》中就有记载："古之良将，不以己贵而贱人，不以独见违众。故冬不裘，夏不张盖，所以同寒暑；危险不乘；上陵必下，所以同劳苦；侯军食熟然后敢食，军进通，然后敢饮，所以同饥渴；合战必立矢石所及，所以同安危。"著名武将戚继光也曾说："和气致祥，动周不吉。况为三军之主，驭数千万之夫，非度量宽容，岂能使之得其所，各无怨尤也哉。"（《练兵纪要·练将》）戚继光的武德思想很好地

体现了修身正心、勤职敬业的品德修养教育，时至今日，仍然值得我们汲取与借鉴。校园武术文化还要求重视对武德的提倡与规范。习武者的道德素质通常指的是其在道德方面的修养，主要包括道德行为选择的能力、道德评价的水平以及道德修养的好坏。传统武德中的道德规范虽然存在一些局限性的东西，但相对而言还是有许多内容可以继承发挥的。例如，传统武德中的尊师重道、济贫助弱、重义轻利、公平竞赛、贵仁尚义、忠国爱民、尚武精艺、忠实守信等美德都有着久远的道德价值。这种价值不但可以很好地体现出武术伦理道德，而且可以纠正现代习武者的人生价值观。可见，在当前和谐社会的建设中，武德还具有十分明显的社会价值。

要善于将这一教育意义灵活运用于我们的武术传授实践中去。在武术教学过程中，根据校园武术文化所固有的武德内容与武术知识和技能技巧进行全面的传授，并注意按照习武者的道德规范来要求学生，就可以培养出"立身风度和容端体正的尚武本色和习武者特有的精、气、神"的学生，这对高校德育教育也有着积极的作用。

可见，武德的教育功能是十分重要的，无论是对于习武者、武术爱好者还是对于整个武术事业的健康发展都有着十分重要的影响作用。它不但能让人懂得宽厚待人，而且能让人积极进取，表现出追求"人际和谐"的价值取向。

三、武术精神对高校学生人格塑造的作用

在社会高速的发展过程中，文化与人格总是相互作用、相互影响并且始终携同发展的。文化是一种宏观的东西，它如同无往而不入的空气，始终存在于社会的每个角落。它具有能动性，能对一个社会的所有事物进行塑造。这种塑造的最大特点同时也是最大意义便是对习武者人格的塑造。所谓人格，通常是指处于某一社会中人的意志、性格、价值观等精神性品质，它是在文化适应中发展形成的。反言之，一种文化的特征或表现又需要依靠其塑造的人来体现。以此角度而言，可以认为人既是文化的创造者，又是文化的产物。具体而言，人是某种特定文化模式的产物，任何一种文化都可归纳出一种与之相应的主导人格类型。要使具有能动性的文化作用于人格，起到更积极的塑造人格的作用，就需要通过某种更具体的社会文化形式。作为一种大文化背景下的子文化系统的校园武术文化就具有这样的功能。

从文化学的角度来看，不管何种类型的文化都是在特定类型的文化

土壤中成长起来的。武术文化产生于中国传统的农耕文化的氛围中，并且一直受到自然经济孕育的和平大一统文化的影响。因此，在技艺练习中主张内外俱练、形神兼修、刚柔并济、强身健体等原则，符合中国传统文化的要求。武术文化作为一种具体的文化形式，通过与习练者的直接接触，能够在塑造习练者人格品质上起到重要的作用。

四、高校武术文化的爱国主义传统思想对高校学生人格塑造的作用

爱国主义一直以来都是我们民族精神的核心。历经几千年的发展，能够在各个时期被各种人群所共同推崇赞赏的民族精神中最重要、适用意义最为广泛的一个就是爱国主义。爱国主义精神不但合乎全体人民的根本利益，而且合乎中国文化的思想精神主旨。中国古代在思想界占主要地位的儒家伦理思想强调的也是为社会、为民族、为国家、为人民的整体主义的观念。我国的传统美德大都围绕整体主义精神而展开，从一定意义上来讲，忠国利民，强调为社会、为民族、为国家、为人民的整体主义观念，是中华民族的传统美德，爱国主义就是其最大的体现。

在中华传统文化熏陶下成长起来的中华传统武术伦理道德也不例外。与古代其他体育项目相比，武术之所以能够长久不衰、流传至今，并不仅仅取决于它的军事、体育以及娱乐价值，更多的是取决于它的精神价值与文化价值。武术来源于中华文明的土壤，并在中国博大文化系统中形成了一个较为完整的文化形态，它包含了中华民族精神的底蕴，并以此来作为构建自己理论基础的主干与方向。它将习武与国家、习武者与民族的关系作为社会的最基本的道德关系，将为国家、民族做出巨大的贡献视为其最高的价值追求。能以自己的技艺、胆气乃至生命为整体、为国家、为民族献身也就成为古之武林英雄的修养，并成为中华传统武德的核心内容之一。换言之，武术实质上是以一种潜移默化的方式，在练习的过程中对习武者灌输、宣扬、实践一种以爱国主义为代表的战无不胜、攻无不克的民族精神。纵观历史可以发现，中国的习武之人，无论属于何种门派，也无论有何身份地位，他们在追求国家利益和民众利益，以安民兴邦作为最高价值的追求上是一致的，对于背叛国家、民族的败类是一致痛斥、必诛灭之而后快的。

以"爱国主义"的价值为追求目标的传统武术文化，也从侧面反映出了中华民族的精神风貌，并促进了中华民族精神的塑造。

必须抓住爱国主义精神主旨，对习武者进行广泛的爱国主义教育。一是要了解武术伦理道德体现在自觉地对祖国有着强烈的责任感。爱国

者就是对祖国有责任的人，尽忠祖国、为祖国做出贡献的人。在教育习武者的同时，注意如果要把爱国之情转化为爱国意识、爱国行动，需要在爱国之情的基础上加以引导和培养，使人们对家庭的爱、对家乡的爱、对优秀传统武术文化的爱不断升华，并上升到对社会、民族、国家的责任心，自觉地把国家的兴衰荣辱同个人的一切联系起来。人们形成了爱国使命感后，就能把爱国之情变为爱国之行，推动和激励自己去为国家的繁荣昌盛而努力奋斗。

二是要以已经存在的武术文化、爱国主义精神来对青少年进行爱国主义教育，在使高校学生受到强烈震撼的精神感染、树立爱国主义情操的同时，还可以吸引青少年热爱武术、走近武术，自觉承担发扬光大武术的责任。

应推动高校学生在习武中形成爱国主义人格。在传统武术文化中，习武者践行报国、爱国价值取向的过程，被看作一个最伟大人格塑造的过程。在现代，我们同样可以推动习武者把树立高尚的爱国情操和塑造完美的爱国人格结合在一起。

五、高校武术文化的和平主义精神对高校学生人格塑造的作用

众所周知，当今世界发展的两大主题便是和平与发展。所谓爱好和平，指的主要是在同其他国家的交往中，本着以平等对待、友好相处、互相尊重、求同存异、相互合作的精神，促进世界和平、实现共同发展。重"和"的理念在中华人民共和国成立之后也得到进一步的发展。在1953年12月，周恩来总理就提出了"和平共处五项基本原则"处理国与国之间关系，主张国与国之间的平等。这一主张在世界范围内已经得到了广泛的认可。中华民族积极主张的这种"和平主义"的精神为人类文明的发展做出了杰出的贡献。

当代中国和平主义的提出，除了是时代发展的因素之外，还与中国传统精神文化的强烈影响有关。中国传统文化中蕴含着的和平主义思想，其意义不仅限于一种处理国家和民族关系的最高准则，还包含着天人之和、身心之和、人伦之和、社会秩序之和、协和万邦这五方面的意义。而且这五方面的意义相辅相成，构成了中华民族生生不息的"和平主义"的民族精神。作为传统文化的重要组成部分，武术文化"和"的性质包含着"天人相和""身心相和"与"人伦相和"三层含义，也是这一文化传统的准确体现。

（一）天人相和

"天人相和"主要体现为武术文化中人与自然之间的关系问题。中国武术文化因为受到传统哲学文化的强烈影响，在人与自然的关系上强调"法天象地、天人合一"，通过模仿自然界各种动物的动作形态来调节自身的身体健康状况，按照自然规律行动来增强自身的"气场"能量，武术提倡尊重自然规律、注重休养生息，以求人与自然的和谐相处并且以此来达到使自己健康长寿的目的。对习武者而言，武学的最高境界便是要做到摆脱武术招式、技能等的束缚，追求武术"技击"的本质与"悟性"。除了武技之外，更为重要的是要提高习武者自身的内功修为以及感悟能力，以达到与"天意"相通，从而真正做到"顺天而行"。

（二）人伦相和

"人伦相和"主要体现为武术文化中人与人、人与社会的关系问题。在人与社会的关系上，武术文化强调武术动作演练要做到"虚实互换、贵和持中、刚柔相济"，并将这一运动规律灵活运用到人的日常生活当中，强调"礼用主和"，将"礼"之义延伸到社会的各个层面。不但要求习武者做到尊敬师长、孝敬父母、尊重他人，而且要求他们做到顺应社会主流，遵守社会公德和职业道德，真正地将武行之礼运用到社会各个行业中的思想道德建设中去。习武者待人接物要做到谦和谨慎、融洽相处、互利互惠，以达到人际关系的和谐，努力提高人与人之间的亲和力，力争形成和睦的家庭氛围以及友好的邻舍关系。

（三）身心相和

"身心相和"主要体现为武术文化中人与自身，即人的身心关系问题。在人与自身的关系上，武术文化强调通过习武了解"阴阳互补、虚实相即"的道理，在"阴阳互补、虚实相即"的指导下，充分了解自身的优缺点（阴阳与虚实）和社会的现实需要，懂得何为养精蓄锐、扬长避短、避实击虚，并提高自身的工作实效，最大限度地实现自己的人生理想。在身心关系上，武术文化注重阴阳调和，顺道而行。植根于中华传统文化的武术文化，充分吸取了道家对易学文化中阴阳学说的文化继承，武术动作的每招每式都是以阴阳为根本结合，根据攻防需要而创编的，而在武术内功的习练中也十分重视对"气"的修炼，炼气成神。武术技艺的练习中主要强调的是对精神、气、力、功的运用。总之，在校园武术文化中，存在许多推崇"和平"的因素与精神，我们在推广传播校园武术文化的过程中，必须注意对此进行宣扬，"和平"的精神有利于和谐社会、和谐世界的构建。

第二节　高校武术文化对学生人文素质的培养

一、武术文化对高校学生人文素质的影响因素分析

（一）武术文化的人文内涵

作为中国传统文化典型代表的武术文化所包含的"天人合一"的人文视野、贵和尚中的人文情怀、尊德重礼的人文情感、立德事功的人文追求等内容，蕴含了高校人文教育中德育、美育和人性教育等诸多因素。所以，把武术文化归入高校人文素质教育不仅是人文素质教育资源的选择问题，也是一种观念的拓展。在实践上，武术文化的融入，尤其是武术文化所具有的实践性强的特征，对人文素质课的课程内容、课程设计、校园文化环境的营造等多个方面都是一种补充。

中国传统文化在其几千年的发展过程中都通过其丰富、瑰丽和独具特色的人文精神辉耀于世。《礼记·大学》中有云："大学之道，在明明德，在新民，在止于至善。"此处的"新民"指的就是把人变"新"，使人有新的向度、新的路标以及新的境界。钱穆先生把中国的学问传统分为三大系统：人统，即如何做人的学问；事统，即学以致用；学统，即为学问而学部。第一系统就是"人统"，"学者所以学做人也。一切学问，主要用意在学如何做人，如何做一个有理想有价值的人"，正如陶行知先生所讲："千教万教教人学真，千学万学学做真人。"在中国传统文化中孕育并发展起来的中华传统武术，能够折射出中国传统文化的基本精神，它是中华民族文化的重要组成部分。它所蕴含的人文精神也是武术区别于其他国家民族体育项目的显著标志。

要对武术中的人文内涵进行提炼与解读，必须要有扬弃与内省的思维和继承与创新的态度。中西方人文精神的不足之处是千百年来涌动于文化长河中的一股暗流，从整体上弱化、消解人文精神的基本构成。而武术文化中公正、诚意、修身的意蕴和学以致用、立德事功的精神才是武术人文精神基本内涵的生发地，将此为精神导向，武术文化经过千百年积淀，逐步形成了其基本的人文内涵。

（二）武术文化对高校学生人文素质培养的分析

所谓人文素质，"即指一个人成为人和发展为人才的内在品质，是以人文精神为核心，由人文认知、人文情感、人文意志、人文行为等要素构成的主体品质，集中体现在对待自我、对待社会、对待他人、对待

自然的态度上。"总体而言，人文素质包括四个方面的内容：具备人文知识、理解人文思想、掌握人文方法、遵循人文精神。第一，需要具备人文知识。人文知识是人类关于人文领域（主要是精神生活领域）的基本知识，如历史知识、文学知识、政治知识、艺术知识、哲学知识、道德知识等。第二，需要理解人文思想。人文思想是支撑人文知识的基本理论及其内在逻辑。同科学思想相比，人文思想有很强的民族色彩、个性色彩和鲜明的意识形态特征。第三，需要掌握人文方法。人文方法是人文思想中所蕴含的认识方法和实践方法。学会用人文方法思考和解决问题，是人文素质的一个重要方面。与科学方法强调精确性和普遍适用性不同，人文方法重在定性，强调体验，且与特定的文化相联系。第四，遵循人文精神。人文精神是人文思想、人文方法产生的世界观、价值观基础，是最基本、最重要的人文思想、人文方法。人文精神是人类文化或文明的真谛所在，民族精神、时代精神从根本上说都是人文精神的具体表现。人文素质是国民文化素质的集中体现。根据前文对武术文化人文内涵的分析，武术文化的人文内涵与人文素质的内容有很高的契合度，这为武术文化教学进入高校的人文教育领域提供了理论基础。在高校，对高校学生进行素质教育只能是导向性质的教育，而不是速成性质的教育。具体来讲，武术文化教学在高校人文素养培养中主要表现在：学生在习武的过程中受到中国优秀传统文化的熏陶、浸润、陶冶，有利于塑造其健全人格，养成良好心理素质，提高自身涵养，激励进取精神。

1. 帮助学生塑造健全的人格

人格的发展是人的素质发展的一个重要方面，它是一个人个性中最重要的心理特征，是在不同的环境和教育因素的影响下，在个人的生活实践活动中逐步形成和发展的。健全人格指真善美统一、利己与利他统一、内在自由与外在自由统一的人格。健康人格特征主要表现在对于自我、他人以及人性的客观现实的理性认识，有强烈的道德感、宽厚的社会感情，更富有创造性。教育最重要的是塑造美好的人性，培养美好的人格，使学生创造自己美好的人生，人文素质教育通过知识传授、环境熏陶以及自身实践等教育活动将人类的优秀文化成果内化为人格、气质、修养，成为人们相对稳定的内在品质。武术特有的文化功能对当代高校学生的身心健康、情操意志、气质性格等有着良好的影响。武术讲武德，即崇武尚德，主要体现在传统文化中的"仁、义、礼、智、勇"等方面，这反映出中国武术文化顺应自然的价值意识形态以及和谐统

一、中庸守常、内向含蓄的文化特质，突出地表现了中国武术不只是身体的训练、更是灵魂的涤荡。中国武术，从文化层面上讲，不是拓展外显的，而是内敛自省的。武术文化教学的内容根本不是简单动作或者套路的讲解，而是通过领会武术内在的精、气、神获得人格的提升。例如，讲授长拳文化，长拳中的一些动作规范都可以加入人文的含义，久而久之，这些人文含义就可能内化为一种相对稳定的品质，如坐如钟——训练做事稳重的风格，行如风——训练雷厉风行的行为，重如铁——训练干事投入的认真态度，轻如叶——训练凡事适度为宜。再如太极拳文化。太极拳内讲究气沉丹田，外讲究动作的速度均匀、极好的控制力。长久训练，就可使学生行为上稳重，不急不躁，以静待动，以柔克刚，刚柔相济，遇事自控能力强。总之，高校学生习练武术，学习武术文化知识是塑造其健全人格的一种有效方式。

2. 提高学生的心理素质

当代高校学生学业繁重，就业压力大，容易产生对未来焦虑、疑虑的情绪，内心浮躁、急功近利的心理突出，心理承受能力较差。这当然有社会大环境的原因，如毕业生的数量在增长，而社会提供的岗位相对不足；社会上市场经济观念特别是追求利益最大化的原则引起其内心浮躁、急功近利等心理。但是，作为一名高校学生，身负家庭的重托和民族、国家的使命，这样的心理素质着实令人担忧。解决的方式当然很多，但一个总的原则就是，使学生从杞人忧天所引起的颓废、畏惧、抱怨心理中走出来，换一种展望未来的心态，重建一个崭新的心理素质架构。习练武术是体悟武术文化的最佳途径。习练武术，不仅仅为强身健体，强身只是一种手段，强心才是真正的目的。强心就是养成良好的心理素质，形成积极追求真、善、美的良好心态。学生通过习练武术，把内心积郁之情发泄出来，转移心理抑郁感，消除紧张压抑、郁闷烦躁等不良情绪。例如，少林拳的刚劲有力，重在实战，学生在习练过程中可培养自己超人的胆识和精神力量，这种精神力量对人的心理活动和强度起着重要作用，能使人保持头脑清醒，身体灵活，肌肉放松，情绪稳定。反之，若缺乏精神力量做支柱，无论做什么事情，动作都会明显迟缓，肌肉紧张，情绪不稳。学生在习练太极拳的过程中，需意会集中、动静结合、心态平稳，逐渐保持精神愉悦、心胸开阔、情绪稳定。不同的习练形式和内容都可以促进学生的身心发展，"学在苦中求、艺在勤中练"，表明学生在习武中要以持之以恒、坚持不懈的顽强毅力，培养坚忍不拔的精神，使自身既拥有健康的体魄，又拥有一个健康的心理。

当代高校学生多是独生子女，家庭条件相对宽裕，可谓是从小在"蜜罐"中长大的一代，这也造成了许多高校学生意志力不坚强，韧劲不足，心力难以持久等问题，以至于许多学生在学习和生活中容易遭受更多挫折。为此，培养高校学生吃苦耐劳、持之以恒、百折不挠、坚持不懈的意志尤为重要。从习武者行为广泛的社会属性和作用来考虑，通过武术训练达到磨炼意志、提高武艺、培养胆力等目的，培养其克服困难、战胜敌人的勇气和胆略，从而培养习武者的远大志向和自强不息的精神。

学生习武的过程就是培养学生意志力的过程，习练武术不是一朝一夕的事情，需要学生在练习武术的过程中持之以恒，砥砺意志，用"铁杵磨成针"的精神和克服一切的勇气，遵守习武规则，培养自身坚韧的毅力，加强个人自制力，提高自身的心理承受能力。

3. 激发学生的进取精神

积极的进取精神是高校学生未来立足社会、事业成功必备的心理品质。美国普林斯顿大学在一份研究报告中指出："现代的生产及生活方式，更接近于体育中的比赛，在机会相等条件下，谁的节奏更快些，竞争意识更强些，谁就有可能占据优势。"中国传统文化中自强不息、刚健有为的精神是中华民族的心理要素，体现出一种勇往直前、无所畏惧的精神气息。武术是一种带有技击性的体育运动，但是，技击是武术的核心。这就要求习武之人有勇往直前、无畏无惧、敢于追求的进取精神。学生习练武术，从外在技艺和内在心境都生发一种"刚健有为、自强不息"的精神动力，使外在美和内在美结合在一起。当今社会是一个处处充满着竞争的社会，跟高校学生密切相关的是学业、就业及工作中的竞争，高校学生必须养成积极向上的精神风貌、良好的竞争意识，才能立足于社会。高校学生在习练武术时会倾注一种勇敢顽强、一往无前的进取精神。通过习练武术激励学生的进取精神也有利于高校学生树立自强意识、成才意识、创业意识和创新意识。武术文化中的礼让谦和、坚忍不拔、顽强拼搏的优秀品质与人文素质培养的要求协调契合，更是人文素养培育的坚实根基。武术的这种优秀品质、精神理念、哲学思想在市场经济背景下极易被物欲所淹没，这也是当代高校学生人文素养教育滞后的重要原因。在高校推广武术文化教育，不仅能增强学生体质、强壮身体，开发学生智力，使其精神振奋，还可强化其民族精神，培养高校学生尊师爱友、勇于吃苦、奋发向上、乐于助人、见义勇为、无私奉献和报效国家等"内圣外王"的思想品质。毫无疑问，武术文化教学在当今高校人文素质培育中有积极的导向作用。

4. 提高学生的文明修养

武术产生于中国传统的农业文化的氛围中，并深受农耕经济孕育的"天人合一"思想、"和合"文化、尊德重礼观念的影响。当然，其中有不少反映封建礼教和封建迷信的属于糟粕的内容，但是，武术的历史主流是好的，应该辩证地去认识。武术文化内涵深刻反映了"中庸"思想，谦让、礼让、含蓄、随和成为武术的伦理道德规范。在修炼中遵循内外俱练、形神兼顾、动静结合、刚柔并济、强身健体等平衡统一的原则。武术作为一种文化，具有自己的传统风格和民族文化特色，是符合中国人的传统和文化习惯的。人们在长期的社会生产和生活中通过武术这种运动形式形成了一些价值观念、行为规范、思维方式和情感方式，它们之间相互联系、相互作用，共同形成了独具特色的武术文化体系，所以，通过习练武术，学习武术文化，以武术文化为基点，或者说换一种学习中国传统文化的路径，会对高校学生提高自己的文明修养产生一定的推动作用。

例如，武术的技击内容包含了我国传统文化的许多思想和观点，因此习武者要想有所成就，不单要对武术基本动作的掌握，还要有对武术独特的精神内涵的掌握。武术中的天人合一观认为：人和自然在本质上是相通的，故人类一切活动均应顺乎自然，不违背自然规律，方能获得生存与发展。在武术实践中则必须使人体自身的运动适应宇宙自然的变化，前者顺乎后者，达到二者的统一与和谐才会实现习武的目的。武术中的"形神不二"则指的是"形为神之本，神为形之用"，武术的动作不是简单的肌肉收缩运动，而是靠内在物质"气"或"神"的外化，"以意领气，以气催力"，意气神与劲力功完美结合，把人作为一个整体，"外练手眼身法步，内练精神气力功"，内外兼修、形神共养，形体与精神协调平衡，以求修身养性、强体。阴阳和谐观认为"一阴一阳之谓道"，阴阳之道是武术运动的规律所在，是武术理论的内核。于对立中求统一、矛盾中求和谐，是习武所追求的目标与境界。

武术中的"天人合一""形神不二""阴阳和谐"都是中国传统的哲学思想。这对高校学生而言，无疑有些陌生，但是，通过武术文化的学习，高校学生可以对这些哲学思想有一个概括的了解。可以说，武术文化学习是学生自身文化素质提高的过程，也是一个思考的过程。

再如武德教育。尊师重道在中国武术文化中有极其重要的地位和意义。也正是因为有了尊师重道这一道德规范，武术文化才能在漫长的历史变迁中得以稳定的发展、壮大。习武者必须在提高自身的道德涵养的前提下，接受师父的传授，认真探索练武的规律，在师父长辈的指点下循序渐进地练习。

重义守信是习武人实现自我价值的主要途径，也是显示武术社会价值的重要方式，它是功与个人品格的综合体现。"千里赡急，不吝其生"为重义，"言必信，行必果"为守信。这种行为本身也包含胜负和抗暴意识，意味着对社会不平的反抗，对邪恶势力的惩罚。它同时包含着自我价值的实现，包含着强烈的社会责任感。中国武术之所以历经千年而不绝，除了它健身自卫的特殊功能以外，与重义守信的传统武德也有很大关系。

总的来说，武术的修炼过程是一个内外兼修的过程，讲究德艺双馨，通过武术文化的学习可以起到涵育文明修养的作用。

二、校园武术文化对高校学生人文素质的培养对策

（一）塑造一个良好的人文教育环境

人文素质教育不同于知识能力的培养，它的效果很大程度上取决于学生自身的努力和生活环境的影响，所以高校应积极组织校园文化活动，如丰富多彩的文化讲座、形式多样的社团活动及各式各样的文化节、科技节等。学生可以在这种环境中培养自己的兴趣爱好，陶冶情操，拓展自身的能力，同时也满足了自身的多种精神需求。因此，搞好校园文化建设，优化校园文化环境，建设具有特色的校园精神文明至关重要。高等院校可以以武术教学为契机，通过武术文化节等独具特色的活动充分发挥武术文化的教育作用，培养学生的自律意识，使学生形成严于律己、勤奋好学、吃苦耐劳、积极活泼的品格，养成优良的校风、学风，并形成催人奋进的校园精神和令人奋发的校园环境。

（二）弘扬中华传统文化，注重培养学生武德

中国武术儒、道、释文化的强力渗透，学生在习武的过程中也就很自然地接受了中国传统文化的熏陶，逐步提高自己的人文素质。例如，经典的传统套路太极拳、八卦拳等拳法的理论依据就是《易经》中"道""阴阳"等思想。动静结合、刚柔兼济、阴阳变化、贵和尚中是中国传统文化的基本思想。针对一些高校学生存在不同程度的政治信仰迷茫、理想信念模糊、诚信意识淡薄、团队意识较差等问题，教师要树立"以人为本"的教育理念，使学生通过不断地习练武术，认真体悟武术文化的博大精深和人生的真谛，自觉地解决人伦与人格、个体与整体之

间的矛盾。使学生习练武术，能够引导学生学会如何做人，培养学生如何正确处理人与自然、人与社会、人与人的关系以及自身的思想、情感、意志等方面的问题，科学地对待人生环境，努力实现学生智能和人格的统一、做事和做人的统一、学业和修养的统一。

（三）定位教学类型，确定教学目标

习练武术本质上是深入了解、认知、体验中国传统文化的一种方式，所以有些高等院校采用开设武术文化课程的方式，以一种新的角度来呈现武术文化中的人文精神和价值内涵。习练武术还可以使人德仁兼修，重塑人格之美，弘扬社会正义；笃礼成规，注重礼节修养，恪守社会秩序；砥砺意志，培养刚毅性格，克服艰难险阻；勇义并举，升华人生价值，报效国家人民。学生在习练武术中锻炼意志力，体验武术对人格的塑造作用，这会使学生受益终生。教师为了使学生加深对某一武术套路的理解，既可讲授，也可推荐书目让学生查找阅读，追溯武术渊源，追溯文化根基，使学生在自觉或不自觉中受到中国优秀传统文化的熏陶，在潜移默化中提高自身的文化修养和人文素质。

（四）加大教材的改革，增强教学的内容

高校人文素质教育的内容中融合武术文化的人文内涵，有利于提高学生的人文素养和综合素质，有利于培养出适应社会需求的、掌握高超技能的、高素质的复合型人才。中国武术尚武重义，注重武德精神和德艺兼修，造就了善良、诚恳的民族美德和民族性格，学生在习武过程中会深切感受到中国文化以德立人的优秀传统。中国武术在长期的发展过程中浸润着中国古典美学思想，具有很高的审美价值，如其外形美，体现为阳刚与阴柔交错，既勇猛有力又飘洒自如；既轻灵柔和又舒展大方，给人一种震撼心灵的艺术美感。武术艺术化也是当代武术的一种发展趋势，所以，武术的美育特征可以陶冶学生的情操，培养学生的品德。"武以德立，德为艺先"，把武德放在武术教育的首位，既彰显了中国武术以"仁义"精神为核心的武德观念，也显示出武术文化追求人性善的积极意义。

（五）加大资金投入，完善场馆建设，改善高校武术文化教学条件

毫无疑问，学校体育场地设施的建设以及体育器材的购置等方面都需要大量资金投入。近年来，随着各省高校连续的大规模的扩招，高校学生增加，但高校与之相配套的各种资源却十分匮乏，从数量上来看，教学场地满足学校教学需求，但是场地质量的不合理也严重影响了教学的效果，阻碍了武术文化课程对于学生的教授。因此，为了便于武术文

化教学的长期教学，高校应该针对自身的情况，对教学场馆投入资金，增添运动设备器材，让学生享有优良的运动环境，如此训练效果更容易展现出来。增加电影教材，以图像资料、互联网、电视等大众传播媒体对武术文化教学通过观看的教学手段，正确引导学生弘扬民族正气，指导其吸纳有益的图像资料。

第三节　高校武术文化对学生核心素养的培养

一、核心素养

自 20 世纪末、21 世纪初以来，欧盟和美国均从理论和实践两方面确立了影响深远的核心素养框架，以迎接信息时代的挑战。当前，世界共同追求的核心素养即协作、交往、批判性思维与创造性，即核心素养是人解决复杂问题和适应不可预测情况的高级能力和人性能力。

从素质教育到核心素养，中国在回答"培养什么样的人，怎样培养人"的教育问题上也探索了多年，直到现在才确定未来教育的风向标——核心素养。党的十八大明确提出"把立德树人作为教育的根本任务"，党的十八届三中全会进一步强调"坚持立德树人"。这不仅规定了我国教育工作的总方向，而且指出了党和国家对人才培养的总要求。学生发展核心素养，主要指学生应具备的、能够适应终身发展和社会发展需要的必备品格和关键能力。核心素养是可培养、可塑造、可维持的，可以通过学校教育获得。学生的核心素养共分为文化基础、自主发展、社会参与三个方面，综合表现为人文底蕴、科学精神、学会学习、健康生活、责任担当、实践创新六大素养，具体细化为国家认同的十八个基本要点。将学生的核心素养落实到教育改革当中，学生的发展目标不再仅仅是"德、智、体、美、劳"简单的组合发展，而是应该积极引导学生树立正确的价值观，使学生乐于发现、善于创新，形成快乐学习、终身学习的良好意识，能积极地适应这个正在急速发展与改变的社会，以满足其未来生活的需要。

二、武术文化教育对学生核心素养发展的影响

(一) 武术文化教育对发展学生知识素养的影响

站在历史学角度分析，武术本身就是一部历史，在对学生进行培养与教育时，可以通过学习武术史来了解中国历史的变迁，既让学生学习

了中国优秀文化，又让学生对史学产生了兴趣，有利于学生自主学习、主动探究，不至于在学习历史时感觉枯燥无味、被动接受。

站在文化学角度去看武术，它涉及儒家文化、道家文化还有易学、兵学及审美艺术等，不但受阴阳学说的影响，还吸纳天人合一的哲学思想。由此可见，将武术文化教育合理地应用于发展学生知识素养方面，可以大大扩充学生的知识面，在很大程度上满足他们对各方面知识的需求。

积极地对学生进行武术文化教育，使得学生掌握充足的传统文化知识，可以提高其思维逻辑能力，对其智力的提升也会有相当大的帮助。

（二）武术文化教育对发展学生道德意识的影响

"未曾学艺先学礼，未曾习武先习德""文以修身，武以养德"，在进行武术的教育学习中，道德品质是最重要的一点，这些名言就是最好的证据。在进行师徒传承的武术教育中，师傅收徒弟时，首先看的就是他的武德。武德可以体现出一个人最高的道德素养，武术从来就不传给那些见利忘义的小人或者一些心存不正当想法的伪君子。

从武术文化发展的格局来看，武术文化教育不会脱离儒家文化这个大背景的熏陶，儒家文化对中国武术的影响大多数也都是在武德方面。武德不是现代化的产物，而是伴随着武术的萌芽而孕育出的，在不同的历史时期，不同的习武群落有不同的内容，但是它有一个相对稳定和延续的主体精神，这个主体精神就是今天的教育中应该传承下去的东西。武德可以具体划分为"仁、义、礼、信、勇"等，学生通过对武术的习练，既可以练就过硬的本领，又可以磨砺出坚强的意志。在习练的同时可以通过武德来约束自己的行为，正视自己的言行。

道德意识是一种看不见摸不着的东西，在对学生进行教育时，应该重视其发展的连续性，重视其影响力的作用。大环境的暗示作用对学生形成良好的道德意识也是非常重要的。所谓"学长为师，身正为范"，教师在对学生进行教育时首先要以身作则，注重自身的道德修养。

（三）武术文化教育对发展学生行为健康的影响

武术的本质是技击，所以从发展学生的技能行为方面，首要的一点就是因武术教育而获得一个强健的体魄。现在生活质量的提高和应试教育的现状，使学生的体质逐年下降，近视、肥胖等各种非健康因素也在增加。武术门类繁多，从中一定可以找到自己喜欢的习练项目，通过习练可以矫正自己的身体姿态，增强体质。

特别是正处在成长高峰期的青少年，科学而合理的运动不仅可以有效地缓解学习压力，还可以使身体得到充分的发展。

（四）武术文化教育对发展学生情感态度及价值观的影响

武术文化，既然称之为文化，一定会蕴藏着丰富的情感价值。张岱年说："民族精神不是一成不变的，……当民族精神发扬全盛之时，民族文化就发展前进；当民族精神衰微不振之时，文化也就处在停滞状态之中。"所以在当下的武术文化教育中，我们应当树立民族意识，充分发扬民族精神，树立文化自信，并从中发现传统武术的丰厚与深沉。从文化的角度来看，武术的精神脊梁与中国文化的精神支柱不谋而合，那就是自强不息、审时度势、兼收并蓄、坚韧生动。因此我们应该从武术文化中汲取更多的营养，树立正确的价值观。

第五章　网络背景下
武术文化教育传承的思考

第一节　网络武术文化内容与未来发展

一、相关概念简述

（一）网络文化

关于网络文化的界定，学者们争议颇多。常用的网络文化的概念有以下三种。周洪铎把网络文化定义为："网络文化是指以计算机技术和通信技术融合为物质基础，以发送和接收信息为核心的一种崭新文化，这是一种与现实文化具有不同特点的文化。"范晓红认为："网络文化的形成和发展，是网络媒介不断作用力量的体现，也是人类社会的自身的文化发展不懈追求的必然结果。以遍布全球的物理网络为物质基础，并以计算机、通信技术和信息管理技术等技术的融合为手段，进行多元化的信息搜集、加工、传递和利用，构成网络文化的核心，而这也正是它的独特之所在。因其信息量的空前的特点，故又称网络信息文化或信息文化。"陆俊则认为："网络文化是一种以信息、网络技术以及网络资源为支点的网络活动而创造的物质财富和精神财富的总和。"在这里，笔者认为："网络文化即一切与网络相关事物的总和。"

（二）网络武术文化

要对网络武术文化的内涵进行研究，自然离不开对网络武术文化基本概念的认识与界定，虽然概念的界定是随着时代的变化而变化的，但这是我们研究的起点，我们不得不给它下一个定义，正所谓"本立而道生"。简单地说，网络武术文化即网络承载的武术文化。目前，网络文化的载体，主要有网站、视频、论坛、博客等；那么网络武术文化，也必然要依附网站、视频、论坛、博客等网络载体上，自然，我们对网络武术文化的研究，也就是对网站武术文化、视频武术文化、论坛武术文化、博客武术文化等进行的研究。

二、网络武术文化内容

（一）网站武术文化

1. 网站概述

网站是应用最为广泛的互联网服务，它是在互联网上一块固定的面向全世界发布消息的地方。它由域名（也就是网站地址）和网站空间构成。衡量一个网站的性能通常从网站空间大小、网站位置、网站连接速度、网站软件配置、网站提供的服务等几方面考虑。如果把互联网比作一个大超市，网站就是里面的柜台；如果把互联网比作一个渔网，网站就是上面的一个结点。总的来说，网站就是由众多网页组成的超链接系统，包括作为进入该网站起始页的主页以及其他负载了各种类型内容的页面。

2. 武术网站与网站武术文化

武术网站简单地说就是以武术为内容的网络站点。网站武术文化的主要内容就是武术，武术网站就是网站武术文化的基础和载体。二者相似但有区别，不能混为一谈。

3. 网站武术文化的内容

（1）行政部门武术网站

网上的行政部门武术网站主要包括中华武术网、中国功夫网、中国武术网、中国武术协会网、博武国际武术网、搜武网、上海武术网、北京武术网、国际武术联合会、大连武术网、河南省武术运动管理中心等。从这些武术网站的链接速度、更新速度来看，官方网站总体发展较好，主要发布武术信息、重大赛事通告等，是武术工作者获得有关政策和科研导向的首选网站。这些武术网站大都包含武术源流、门派拳法、健身功法、技击方法、武术赛事报道、武术对外交流等方面的信息以及相关武术影视等内容。

不同武术网站的主要内容虽存有差异，但依然有共同点：

第一，笔者通过调查可知，以上网站中都开设有新闻板块，如博武国际武术网的新闻中心，搜武网的最新资讯，上海武术网的最新资讯，中国武术协会的武林快递，中国功夫网的功夫新闻，中国武术协会的新闻中心。此类板块主要用于及时报道武术界发生的重大事件和各类新闻，以及武术相关资讯。

第二，此类网站都对主要武术流派的相关问题有所涉及，如中国功夫网就开设少林功夫、百家功夫、武当功夫等板块，中国武术协会网专门开设武术流派板块，其中包括少林、太极、武当、八卦四个子板块，搜武网中的天下功夫板块中包括少林、太极、八卦、武当、意拳、散打等子栏目。

（2）个体私营武术网站

当前个体私营的武术网站以武术馆校、武术器械厂商为主。这些网站涵盖的内容广泛，形式多样，武术以外的信息较多，广告多而乱。其中有一些大的武校办学较早，资金相对雄厚，武术网站办得也较有特色，如陈家沟武术院，网站质量较高，打开首页就有太极拳生动的视频介绍，网站内容也较全面地介绍了陈式太极拳。但大部分武术馆校网站只是利用网络媒体作为本校招生的一个工具，无知识性可言。

（3）各高校的武术网站

当前国内各高校的武术网站主要有北京体育大学武术学院网站、上海体院武术系网站、西安体院武术学院网站、广州体育学院武术系、河南大学武术网站、成都体育学院武术系、武汉体育学院武术学院、沈阳体育学院武术系、河北体育学院民族传统体育系、天津体育学院民族传统体育系。从对高校武术网站的调查可知，这些网站设有对学科专业、武术知识、新闻、武术课件等内容的介绍，有些还有中英文版的网站切换方式，有利于武术对内对外的传播与发展。

从对武汉体育学院武术学院、广州体育学院武术系、北京体育大学武术学院网站、天津体育学院民族传统体育系、上海体院武术系、成都体育学院武术系、西安体院武术学院网站等高校武术网站的调查可知，这些网站都设有校园新闻、院系简介、教学与科研、学生工作等栏目。校园新闻：一般为本院系的通知通告等日常事务。院系简介：介绍本院系的历史发展概况，对本院的建设、师资、成果有一个大概的说明。教学与科研：这个板块是高校武术网站区别于其他武术网站的重要标志之一，其本身也是高校武术网站的特色。但点击后发现，有些打不开，有些名不副实，甚至仅仅简单说明本院的研究方向、承担的课题，这和高校自身丰富的师资力量、国家的资金支持、雄厚的科研力量极不相称。学生工作：只有介绍本院系学生的课外活动和思想建设方面的内容。

除以上内容外还有武术课件、招生信息等内容，其中天津体育学院还有英语版的网站切换方式，这更利于武术事业对内对外的传播与发展。

4. 当前网站武术文化内容存在的问题及其原因

（1）官方武术网站内容单一

官方武术网站的内容大多局限于对全国或地方重大赛事及相关科研活动的通告，缺少对武术其他方面，如武术名人、武术历史、武术套路演练法等的介绍。

大多数官方武术网站在建站之初没有明确的指导思想与宗旨，从而导致其内容呆板、缺乏特色，集中表现为信息种类的大同小异，既贪大图全却又力不从心，最终草草了事，使人读之索然无味、浪费时间。官方武术网站的信息多集中于常见的几类拳种，如形意拳、八卦掌、太极拳等，个别官方网站甚至仅仅是一个简单的网页。以原国家体委 1979年发出《关于挖掘、整理武术遗产的通知》后为例，1986 年初步整理出来的拳种就达 129 个，可为什么此类网站仅可见这些内容？而且此类网站之间相互模仿，同质化严重。这种现象更加剧了官方武术网站内容的单一性。

（2）个体武术网站内容繁杂、言过其实

个体武术网站主要包括武术院校网和武术器材网两大类，这类网站从网页的整体设计到网站内容总体给人一种不可信的感觉。

虽然个体武术网站的内容丰富，但其真实性与可靠性缺乏考证，且内容杂乱，广告版面较多，大大降低了此类网站的可信度。通过大量浏览可知，此类网站涉及武术的大量信息，但这些信息仅是为网站创建者的利益而服务的，所以具有夸张甚至是虚假的成分。这种现象极不利于武术的传播，浏览者也不可能从中受益。

（3）高校武术网站内容肤浅、缺乏学术性

通过分析，大多数高校武术网站的内容仅仅局限于对各高校武术专业和师资力量、武术基本知识、学校基本情况等信息的介绍，缺乏对武术这门学科系统完整的介绍。缺乏武术论文、研究报告等研究成果，以至于没有更好地体现高校信息资源的丰富性，这极不利于武术文化的传播发展。通过搜索，笔者发现高等院校武术网站的数量并不多，且内容与高校网站应该具有的特色和水准相距甚远，离浏览者的期望尚有一段距离。例如，广州体育学院的武术系网站，只设有系部介绍、学术研究、招生就业等几个大的板块，有些体育院校只有武术系一个简单的介绍，有的甚至连介绍都没有，以至于没有更好地体现高校信息资源的丰富性。高校专家学者群星荟萃，拥有雄厚的科研力量和物质条件，所以应大力加强此类网站建设，使高校武术网站在网络社会蓬勃发展，为网络武术文化发展添砖加瓦。

（4）各类武术网站外文版本有待开发

当前绝大多数武术网站基本上没有英文版本，官方武术网站也在其中。有的即使有英文版，也仅仅是对中文版的简单翻译，其内容严重缩水且更新严重滞后，名不副实，如博武国际武术网、世界太极拳网、成都体育学院武术系网等。笔者在搜索中发现只有5个网站的英文版与中文版的内容相吻合，另有1个全英文网站——国际武术联合会网站，其页面设计简洁、相关内容颇为丰富，值得其他同类型网站借鉴。在网络时代的今天，网民的数量与日俱增，全球的武术爱好者更多是靠登录武术网站来了解、学习中华武术，所以提高武术网站外文版本的质量就显得尤为重要。虽然武术网站外文版总体是在提升的阶段，但建设还需加强。

（5）武术网站的内容更新缓慢，缺乏维护

信息更新速度太慢是诸多武术网站的通病。在笔者将近6个月时间的调查中，有些武术网站的信息根本就没有更新过，更有甚者已经消失了或被删除。作为以武术冠名的专业网站，有关武术方面信息的更新速度还不如某些新闻网站，如新浪网和搜狐网。一个网站必须保持持续性的更新，才能不断吸引浏览者再次浏览，从而渐渐在茫茫网海中产生影响，使更多网络上闲散的武术网民成为武术网站的忠实"客户"。如果网站一成不变或未及时更新，轻则无法获得武术网民的信赖，重则会逐渐消失。因此，武术网站的维护是"马拉松式"的工程，也是推广武术网站一个很重要的手段。但是，大多数武术网站并没有意识到这一点，或者被忙碌的工作所累，无暇顾及，或者因为没有相应的技术人员和资金的支持而放弃。总之，不管是哪一类武术网站，如果没有新鲜血液的注入，长此以往就会成为"死链"。

5. 解决网站武术文化问题的对策

（1）提高官方武术网站的影响力

如果一个网站为武术网民提供的信息是有限的且价值不大或者为武术网民所提供的内容远远满足不了广大武术网民的需要，这样的武术网站离淘汰出局也就不远了。不管是行政部门武术网站、个体私营武术网站、各高校武术网站还是其他武术网站都必须以海量的、实用的、有价值的信息取胜。加强武术网站之间的合作，充分保证武术网站信息的质量。具体来说，官方武术网站应加强对武术现有信息的整理与归类；加强对我国武术发展现状的介绍；及时通报各项武术活动，如比赛或科研报告会等；提供武术影视片；开通多语台网站切换模式，加强武术信息的对内对外传播和交流，满足国内外网民的需要。

（2）精简个体武术网站内容

在精简内容上应做到不用大量的文字，否则会使浏览者感到压抑，所以适当合理地使用图片是精简个体武术网站不可缺少的一步。画面能够表达许多文字所无法表现的内容，而且容易吸引用户的注意力。但一定要适度合理，不能太多，多了就会喧宾夺主，分散浏览者的注意力，并且影响链接速度。个体武术网站的创建主体大多是个人武术院校，这些网站的目的在牟利。为了吸引更多的武术学员，或者为了更多地盈利，其在网站上投放大量信息，这些信息是真是假我们很难识别，即使个体武术网站上的信息都是真的，人们依然会心存怀疑。所以对于武术网站中的个人武术网站来说，提高自己的信誉是非常重要的。另外，作为个体武术网站，其影响力往往非常有限。笔者作为一个武术人，对于自己搜索的武术网站很多都是闻所未闻，所以个体的武术网站一定要加大宣传力度。从外因来说，可以在影响力较大的官方武术网站申请友情链；从内因来说，提高自己网站的质量，保持良好的信誉，网站才会越办越好。

（3）充实高校武术网站

武术网络化已不是天方夜谭，随着我国网民的日益增加，众多的武术爱好者的上网人数当然也会日益增多。笔者认为高校武术网站应充分利用互联网的传播功能，全面开展对武术爱好者的网上引导，让武术在社会各阶层中蓬勃发展，让高校精英思想影响大众，引导大众。作为武术发展的中坚力量，高校的作用的是不可或缺的。在过去没有网络的时代，高校的科研工作对武术的影响是有目共睹的。随着网络时代的到来，高校这块前沿阵地，也应与时俱进，加速武术向全社会推广的进程。因此，笔者认为高校有责任也有义务把武术网站做精、做好。所以应大力加强高校武术网站的建设，把众多教授、学者多年的教学经验、最新的研究成果以及对武术发展的一些好的建议、优秀的教案、课件等在网上发表，使高校武术网站最大限度地发挥作用。高校武术网站的内容并不一定多么宽泛，但一定要深入，哪怕是武术领域中的一个小问题、一件小事。对高校武术网站来说，充实网站内容、增强科研氛围刻不容缓。

（4）加强外文版本建设

现阶段，我国武术网站外文版本的建设还处于初级阶段，其制作明显落后于中文版本，这与我国现阶段对外开放的程度有明显的差距。笔者调查的所有武术网站中，有外文版本的网站屈指可数，内容草草。武术网站的外文版是对外宣传我国武术的重要窗口与媒介，对于内容的真实性、新闻的实时性、语言的质量等，不管何种类型的武术网站都必须严格要求。网络无国界，武术信息上网就意味着面向全世界的网民。外文版的武术网站与中文版的武术网站所服务的对象不同，因此外文版的武术网站在内容编辑方面宜采取编译的方式而不宜采取直译的方式，切勿将中外文版武术网站混为一站，互为直译。网站做好后务必请专业人士来审阅，也就是说使网站内容符合海外浏览者的语法要求、语言习惯。

作为东方文明象征中华武术的发源地，我们一定要利用当前的网络技术与武术资源加强武术外文网站的开发与建设，加快武术向全世界的推广进程。

（5）及时更新网站内容

武术网站要吸引读者，需要安排专人负责网站信息的更新，及时发布与本网站相关的信息或新闻，这样才能够反映武术网站的最新状况及专业最新动态，以新颖的信息内容吸引读者不断光顾自己的网站。要注意的是，武术网站的内容不是随意更新的，而应根据自身网站的需要而制订更新方案。通过制订详细的方案可间接督促网站管理员更新内容，只有这样才能够持续提高网站的制作水平和活力。另外，对武术网站定期进行整理，去除无用的链接、图片、Flash 等内容可以使网站的内容更加简洁明快，也可以使读者快速找到其需要的资源，以免影响正常访问。

（二）视频武术文化

1. 视频概述

视频（Video，源自拉丁语的"我看见"，又翻译为视讯）泛指将一系列的静态影像以电信号方式加以捕捉、记录、处理、储存、传送与重现的各种技术。它是基于流媒体技术的文、图、声、像四者的结合，在当前技术条件下，这种视听结合的连续影音传播方式是迄今我们所知的最高级的影音形式。

目前，可以将我国的视频网站网站分为两大类：一类是以网友个人上传为主的视频网站，此类视频网站的典型代表是优酷网、酷 6 视频等；另一类是直播或点播视频，如 PPTV、PPs 等。

2. 武术视频与视频武术文化

所谓武术视频即网络上关于武术内容的动态画面，笔者主要针对视频分享网站中的武术视频进行研究。在这里不能把武术视频等同于视频网站，二者是两个不同的概念，武术视频是视频网站内容中的一类。

武术视频是视频武术文化的主要载体。所谓视频武术文化，即网络上一切与武术相关的视频。

3. 视频武术文化的内容

（1）格斗类视频

笔者在网上搜索，看到在此类标签下格斗类的内容虽然主要以武术格斗为主，但是庞杂而无序的无关视频较多，如在格斗类的视频里面有武术类的格斗也有和武术无关的格斗如动漫、舞蹈、游戏、武术比赛等。此类视频主要以擒拿格斗术、巴西柔术、军警格斗术、武术格斗电影片段、中国的武术格斗、外国的武术格斗、传统的武术格斗居多，其中还夹杂着很多不相关的武术视频如毫无武术动作的视频、动画片等。在调查中，笔者发现在格斗类的视频中主要以格斗教学视频为主。

（2）表演类视频

从笔者的搜索中可以看出，视频分享网站中的武术视频大多为晚会、开幕式、各种重大节日等场合中观众用手机等一般的摄像器材拍摄并上传到网上的，即使有专业的摄影器材，拍摄者一般也不具备专业的摄像技术，所以此类视频的影视质量和视频内容相较于武术教学类视频就差一些。

（3）比赛类视频

比赛类视频一般为个人比赛的片段或国家武术比赛、大学生武术比赛、各地市武术比赛的片段剪辑，内容以竞技套路为主，夹杂一些传统拳术与器械使用。除以上内容外，还包括国内和国外的散打比赛，如 k－1和散打王比赛。总的来说，比赛类视频五花八门，内容还是非常丰富的，其所涉及的武术类别还是比较广的，从传统武术到竞赛套路、从国内的武术比赛到国外的武术比赛、从拳术到器械、从 20 世纪到当代的武术比赛都有所涉及。

（4）教学类视频

此类视频较为丰富，其内容主要涉及第一套国际竞赛套路及第二套国际竞赛套路，刀、枪、剑、棍类视频最为普遍。少林类、太极类、武当类、南拳、南棍也较有代表性，还有我们常习练的五步拳、初级长拳、初级剑、初级刀、初级棍等。另外，巴西柔术、跆拳道、拳击等国外教学视频也颇多。再次，太极拳的教学视频也为数不少，主要涉及陈氏太极拳竞赛套路、杨氏太极拳竞赛套路、吴式太极拳竞赛套路、杨式太极拳竞赛套路、孙氏太极拳竞赛套路等。此类视频的上传大大丰富了视频武术文化，同时也使众多武术爱好者摆脱了求师的窘境。例如，你想学哪个门派的武技，视频分享网站上基本上都有涉及，虽然不可能面面俱到，但稍有影响力的武术技术都能找得到。另外，此类视频制作的目的是教学，质量还是比表演类、比赛类的武术视频要好得多，究其原因，是和政府的大力推广分不开的。

4. 当前视频武术文化所存在的问题及其原因

（1）视频质量良莠不齐，内容泛滥

视频网站的内容多属于网友上传。但问题也随之而来，视频上传的随意性使武术视频的规格参差不齐，视频效果不佳，内容优劣不等。首先，现在大多数网民没有合适的摄像工具，使用的多为手机、相机等工具，拍摄出来的视频模糊不清。其次，视频录制者缺乏专业知识，在拍摄时抖动、晃动。另外，笔者在网络调查中发现，在武术视频的分类里面存在与武术内容差距甚远甚至是不相干的视频内容，内容驳杂。原创视频虽然发展速度快，使用群体大，但质量难以让人满意，这种视频不仅占用了网络资源而且浪费了网民时间，也给网民制造了不小的麻烦。可见上传视频的门槛过低是导致视频质量良莠不齐，内容驳杂的一个重要因素。

（2）视频内容分类模糊、标准不一

笔者用"武术""武术教学""武术比赛""武术视频"为关键词，分别在优酷网、酷6网进行检索，发现内容繁杂，呈无序状态。例如，输入"武术教学"会出现林林总总的教学视频，但其中很多都是外国技击术或根本与武术无关的网络视频，而且很多内容不相关或有明显的概念上的重叠，不确定性太大，让用户难以区分，这都会对武术视频上传和检索的准确性造成障碍。武术视频的分类标准不统一导致武术视频的内容分类模糊，这会给浏览者造成极大的不便。

（3）版权问题日益突出

版权问题是目前国内网络中至今未能解决的症结。侵权行为不断，真正维权的却寥寥无几。一方面是普遍缺乏版权意识，另一方面是盗版者分布范围广而侵权行为普遍较轻，起诉成功的补偿常常不及起诉时人力财力的消耗。同样，侵权问题在武术视频中也屡见不鲜，常见的侵权方式为非法转载。常见的非法转载有以下几种。

①转载变原创：某些网站或个人转载视频，通过更改视频标题等部分，将视频改头换面，署名却不是原作者。这种做法侵犯了创作者的多

项权利，包括署名权、编撰权等，是一种极其严重的侵权行为。

②转载不署名：指的是转载的视频不标注创作者信息，这显然属于不道德行为。

③非法转载：当作者明确禁止转载时，强行转载，虽然注明作者并用链接方式指向原视频，但仍属于侵权。这些行为都不利于武术文化的发展。

5. 解决视频武术文化问题的对策

（1）提高上传门槛，审查上传内容

笔者深知低门槛、零技术的视频上传是吸引网民上传视频的魅力所在。试想，如果没有普通大众源源不断地上传各类武术视频，就没有视频武术文化，我们又怎会观看到优质、罕见的视频资料。但转念一想，随着视频分享网站的影响力日益壮大，视频内容肯定鱼龙混杂，有的甚至污秽不堪，所以要适当提高武术视频上传的门槛，严格审查网民上传武术视频的内容，禁止那些无武术实质内容的、画面模糊不清的、内容低俗的武术视频上传。所以，适当提高武术视频上传的门槛，严格审查上传内容是对视频武术文化本身的要求，也是时代的要求。

（2）网站人员切实负起责任

尽管每个视频分享网站上都设有许多搜索器，搜索的结果基本能让人满意，但搜索的结果中往往含有与关键词内容不符或不相关的资料，难以找到针对性强、精确度高的视频信息，从而影响用户对信息的有效利用。所以网站的相关工作人员应将收集到的信息分门别类，根据用户需求，按照确定的主题，通过对信息个体进行加工整合，生成特定用户需要的序列化的网上信息产品，如形成专业性的视频数据库、信息资源指引库等，使武术视频内容有序化、专业化，以方便广大网民查找。

（3）提倡原创视频，保护网民知识产权

为什么提倡原创视频？因为原创视频是视频武术文化的第一生产力。当前原创视频的创作主要有视频改编和网友自拍两种形式。所以，大力提倡原创视频，保护网民知识产权是丰富视频武术文化内容的唯一出路。目前，我国的互联网管理没有出台专门的法律文本，现在最全面的互联网法规是国务院出台的《中国互联网管理条例》，互联网无时无刻不在飞速发展，我们期待着全面完善的互联网相关法律的出台，以保护广大网民的合法权益。

第二节　武术文化网络传播的思考

一、武术文化在网络传播中存在的问题

（一）武术文化资源库的问题

随着武术文化信息化的发展，武术文化的内容越来越丰富，如何使武术爱好者方便地找到自己想要的内容，并使用它们呢？武术资源库无疑是最直接和最方便的途径。武术资源库就像是一座武术文化资料宝库，它不仅有教学训练、理论科研、拳种流派等方面的信息，而且有文学、影像、音频、视频等文化资料和信息。武术爱好者可以在这里快捷、方便地找到自己需要的资料。但遗憾的是，由于种种原因，国内至今还没有建立一个大型的综合武术资源库，现在武术信息的网络传播主要是通过一些武术网站、网页来实现的，而这仅仅是武术信息网络传播的一个部分。

（二）品牌武术文化网站的问题

目前我国的武术网站层出不穷。从网站的命名来看，大致有以下几种：①以地名命名，如北京武术网等。②）以流派命名，如少林武术网、武当武术网、太极网等。此外，还有一些其他命名方式，像中国武术网、民族武术网等。但是大多数武术网站的主题不明确，缺乏特色。武术网站栏目名相似，内容大同小异。武术网站的域名是保证网站能够被访问的前提，但武术网站的命名规范都有各自的标准，导致了一定程度上的域名抢注、重复等情形的发生，这势必会带来武术网站的混乱。带有"少林""太极"字眼的域名，像以"某某少林武术网""某某少林武术学校""某某太极网"命名的网站有相当一部分。用百度搜索"少林"，找到相关网页约 22300000 篇，搜索"太极"找到相关网页约 24400000 篇。这固然有少林、太极等流派开展比较好、影响比较大的因素，但也有借少林、太极等宣传商业产品，吸引人们注意的问题存在，有鱼目混珠之嫌。面对如此繁多的网站，许多武术爱好者感到无从下手，带来的是网站的点击率偏低，造成了大量的人力、物力、财力的浪费。

中华武术源远流长，在漫长的武术历史长河中曾孕育了大量的拳种流派。以原国家体委 1979 年发出《关于挖掘、整理武术遗产的通知》后为例，1986 年初步整理出来的拳种就达 129 个，这为武术文化的网

络传播提供了丰富的素材和闪光点。武术网站要真正成为推动武术网络传播中的一份力量，就必须加强自身建设，以打造品牌武术网站为宗旨，从网站名的确立到内容的安排都紧紧围绕中心主题展开。

（三）高校武术资源的整合与利用问题

武术作为中华民族的宝贵遗产，有着极为深厚的文化底蕴，属于多学科交叉、全方位渗透的体育项目。高校拥有雄厚的科研力量和物质条件，在武术历史文化、理论、教学以及训练等方面处于优势地位，所以笔者认为加强高校武术网站的建设，可以把众多教授、学者的研究成果、教学经验、优秀的教案、课件等整合起来，建立一个武术资源库，这样不仅可以供本校师生交流和学习，还可以为建立综合武术资源库贡献素材。但是通过网络搜索和实际调查发现，目前高等体育院校、师范院校的武术网站的数目还不多，仅有几个高等院校开通了武术网站，其中最具有代表性的是北京体育大学武术院、上海体育学院武术系的网站。特别是很多培养武术教师的师范院校没有开发武术网站，有价值的武术文化资料、研究成果在互联网络中很少看到，武术课件更是凤毛麟角。

（四）武术网站外文版的问题

当今时代是一个开放的时代，文化的传播带有全球化的特性。武术是我国的民族传统文化，是中华传统文化大花园中绚丽的花朵，具有极其浓厚的民族特色。让世界了解武术，使武术走向世界，是中华文化向世界传播的一种方式。在武术文化的传播过程中必须考虑地域、文化和文字的差异。目前，大多数武术网站都是针对国内武术爱好者开设的，有的即使有外文版，也只是一般的介绍，而且与中文版有不少出入。不过有的武术网站在这方面也做出了努力，设置了不同的语言版本。在今天的网络时代，我们要通过互联网向世界传播武术，就必须加强武术网站外文版的开发与建设，需要注意的是，它不应局限于英文版本，还应该根据需要和传播范围的扩大逐渐丰富武术网站的外文版本。

（五）武术文化的传播者和受众急需沟通

任何信息的发布都要经过专门人员的采集、加工、整理，再经过编辑处理才能够在媒体上传播。任何一条信息，只有被传播到受众那里，经过了受众的感知才能够产生社会效果。对于网络媒体来说，如果他们编发的信息不被网民接受，那么即便这条信息被发布出去，也仍然没有完成传播。严格来说，这条信息就起不到信息的作用，该信息的采集者、编辑者的劳动都是无效的。一家成功的网络媒体的经营就是要推销自己的信息，争取更多的人浏览自己的信息。而这种信息传播的成功需要通过与外界的交流、沟通、推广来获得。所以，武术网站必须通过广泛的与外界的接触交流，通过了解武术爱好者的心理需要，利用自身特有的交互式传播特点来获得武术网站自身的发展。

目前，许多武术网站忽视对武术爱好者心理的研究，有的只是部分地注意到了对网民心理的利用，而不考虑武术爱好者的需要、兴趣。这样不仅造成了资源的严重浪费，而且也给整个武术文化在网络中的发展带来了负面影响。

二、武术文化的网络传播发展对策

（一）武术文化传播者应具备较高的综合素质

1. 提高武术文化传播者的信息技术

武术文化的网络传播是建立在网络信息技术上的武术文化传播，即它是以信息技术为基础的武术文化传播。所以，不管是武术文化信息的制作，还是武术网络信息的传递都要求武术文化传播者必须掌握以电子计算机为核心的现代信息技术手段。例如，信息处理的一般原理与方法、计算机操作系统、数据库原理及数据库应用、计算机网络与网络资源、信息系统的使用与操作技能等。

同时，武术文化传播者必须树立武术文化资源开发与利用的意识，要把武术信息的开发和利用看作武术文化传播的核心。要求武术文化的传播者必须具备开发武术资源、开展武术信息服务的观念和意识，并掌握网络用户利用武术信息的心理及行为规律以及利用方式和利用效果分析评价等知识和技能。

2. 提高武术文化传播者的专业素养

武术文化资源库及武术网站的好坏，不仅取决于传播者的计算机水平，而更多地取决于传播者思想的开放程度，取决于传播者对武术文化知识的掌握、运用程度的综合素质。

武术信息的网络传递是一个翻译过程。根据传播学理论，信息传播的过程理解为意义与符号的翻译过程，即编码—译码。人在观念意识、语言习惯、宗教信仰等方面存在着差异，因此，对同一个武术信息的解释必定存在着差异。这就必须首先保证武术传播者这一关的准确率。

中华武术博大精深，流派众多，不仅流派之间的拳术、器械、技法不同，就是相同的流派在不同的地域和时期也有着不同技术特点和风格。例如，仅太极拳就有陈式、杨式、吴式、武式、孙式以及新派等。

它们的技术风格各异，特点不尽相同。武术文化涉及内容广泛，几乎涵盖了中国传统文化的各种成分和要素，渗透着中国传统文化的精髓。它在长期的发展过程中融汇和汲取了诸多社会领域中的营养，因而，可以说武术文化是一个以武术为载体的独立完整的文化体系，其内容具有哲理性和艺术性，方法具有科学性。作为武术信息传播者，要做好武术文化的传递员，必须充分了解武术文化的内涵，对中国武术有比较深的领悟。达到这种程度以后，武术信息传播者在传播工作时才能游刃有余，在向需求者提供武术信息时才能根据他们的不同需求提供相应的信息，并提供深度咨询。

3. 倡导武术文化思想的开放

中华武术脱胎于中国传统文化，建立在封建宗法社会的基础上，因此具有神秘色彩，也有一定程度的封闭自守。例如，门派之间、嫡系与旁系之间、师徒之间的技艺传承等，这就给武术文化的传播带来了极大的障碍。随着时代的发展，西方体育的全球化扩散性传播，使武术文化的传播受到了前所未有的冲击，武术原有的传承形式受到了极大的挑战，甚至沦落到需要保护的境地。经济全球化的今天，武术的传播又披上了商业的外衣，这更使武术文化的传播受到限制。

在武术文化的网络传播中，武术传统技击技术无疑是最吸引人的一部分，而这部分却又是网络武术文化中比较欠缺的。

在网络时代，众多的武术文化传播者应当开放思想，摒弃门户之争、名利诱惑，积极提供武术文化素材和网络服务，为武术文化的传播贡献力量。只有思想开放，将一些秘不相传的技术、功法的练习方法公诸于众，将一些武术文化资料和大众共享，才能吸引武术迷的眼球，培养更多的武术爱好者。

（二）武术文化网站

现在的武术文化网站的内容包罗万象，但形式千篇一律，没有新意。所以我们在设计网站时要把功夫放在选材上，突出特色。在设计网页网站时内容的选择要重点突出一个"新"字，不能照抄别人的内容，要结合自身的实际情况制作出精品网站。

武术网站的维护与更新是十分重要的环节。在网站基本建成后，维护更新的工作每天都要做，要及时删除已经作废的网页链接。假如用户点击了页面中的一个链接，在苦苦地等待之后，等来的是无法访问的结果，那他们就会对这个网站大失所望，可能以后再也不会光顾了。应当及时发布新的武术信息，使受众能够不断获取新的武术文化信息，提升网站在受众心目中的价值。

（三）政府职能与舆论导向

网络言论传播对舆论环境带来的冲击在我们国家表现得特别明显。我们国家的新闻出版事业是中国共产党领导建设的社会主义事业的一个组成部分，必须坚持为人民服务、为社会主义服务的方针，"以科学的理论武装人，以正确的舆论引导人，以高尚的精神塑造人，以优秀的作品鼓舞人"，传播一切有益于物质文明和精神文明建设的内容。因此，包括报纸、期刊、广播、电视、通讯社在内的所有大众传媒，在宣传报道中都要弘扬爱国主义、集体主义、社会主义的主旋律。

武术文化的核心是武术技术、技击、功法。正是由于武术的技击性，历史上官方才多次限制武术的传播与发展，也给大众的心理留下了不可磨灭的阴影。

随着社会的发展，人类进入了热兵器时代，武术的健身娱乐性逐渐转变为主要功能。进入网络时代，到了东西方文化交汇融合的今天，武术的技击性退到了历史的最低点。例如，武术套路成了武术的主要表现形式，甚至有舞蹈化的趋势。但是，在官方和大众的心目中，武术还是实用性很强的搏杀之术，他们会在潜意识里排斥、限制武术文化的传播。

武术文化的网络传播是中国传统文化传播的一部分，也是中华传统文化全球性传播的一部分。政府的支持和帮助是必不可少的因素之一，社会舆论的引导更是武术文化传播的催化剂。适宜的传播环境是武术文化网络传播的基础，只有在政府和舆论正确的引导下，武术文化的传播才能够健康、快速进行。

（四）武术信息在网络传播中的控制

网络是迄今为止信息传播自由度最高的媒介平台，信息的自由传播也是网络的根本特色之一。网络一方面为我们"提供了前所未有的言论多样化的舞台，以及信息自由流通的机会"；另一方面，由此带来的负面影响，也导致了网络传播失范问题的产生。武术信息的网络传播也存在着同样的问题，如盗版、污言秽语、虚假信息等。对于网络空间中武术文化信息传播的无序发展加强一定的控制是必要的。实际上，绝对的自由是不存在的，人们所追求的自由应该是一种自由的秩序，而不是无秩序的自由。佘文斌认为："网络传播的控制手段主要包括舆论引导、道德建设等软性控制手段和法制管理、技术防范等硬性控制手段。"武术文化在网络中以武术信息的形式存在，武术信息的传播与控制同样离不开上述方法与手段。

1. 舆论引导

从发展的角度出发，采取主动疏导的方式，通过建设传媒网站、官方武术网站、体育院系的武术网站来引导网上舆论，形成良好的传播环境，是网络传播秩序构建的重要手段之一。媒体网站是指传统大众传媒主办的网站，如人民网、新华网、CCTV网、体总网。传统大众传媒都是党和政府的舆论宣传机构，有着明确的宣传指导思想、规范的信息管理体制和专业的编辑记者队伍，在受众中享有较高的信誉。武术管理部门代表国家对武术表演、竞赛、训练、科研进行管理，是权力部门。体育院系是培养武术人才的摇篮，在武术的教育教学、文化交流方面占有绝对优势。把它们自身具有的信誉延伸到网络上，传统大众传媒、官方、体育院系办网站可以保证大量权威、可靠的信息在网上有效运行，并以信息权威总汇的规模效应拓展信息的辐射空间，从而积极引导网上舆论，起到示范作用，形成良好的传播环境。

聊天室、BBS（网络论坛）、电子论坛等在线武术文化讨论区域是网上武术舆论的直接生发地。在这些虚拟世界中，人们不是以所在的区域划分的，而是因对武术文化的共同爱好、兴趣聚在一起。人们在其中有着天然的相近情结，所以对于对方发表的言论更加关注，一旦有趋同的观点，就有强烈的认同趋势，更能形成比较一致的舆论强势。对于这些在线武术文化讨论区域，媒体网站作为主持者和创办者，应该倾力引导。首先是倡导一种自由民主的武术讨论氛围，确保每一个参与者的传播机会与权利，保证他们的话语权，以形成一种理性的思维空间，对于一些有失偏颇的武术言论，便于利用用户们自己的言论加以批驳。其次是倡导提出健康积极的武术文化话题，引导用户关注国内外发生的武术文化事件。最后是通过情理兼备的交流，针对用户的过激言论或错误的立场、观点进行适时引导。讨论区的主持人在与用户交互的过程中，可以适时发表有理有据的意见，发挥主导作用，也可以邀请武术大师、专家学者、知情人揭示话题的深层背景和详尽原委，及时把用户引向客观、理性的武术文化交流。

2. 道德建设

武术文化的网络传播失范问题与网络使用者道德水平参差不齐有一定联系。不可能设想每一个网络使用者都具备一定的良知和道德准则，并努力遵循它，但也不应当让道德准则在网络空间淡化。网络传播行为和其他社会行为一样，应该遵循一定的道德准则和规范。武术文化的网络传播失范问题虽然不能完全依靠道德手段来解决，但是通过加强道德建设，积极引导网络行为主体建立良知和对武术文化的责任感，无疑有助于武术文化网络传播秩序的维护。

3. 法制管理

武术具有极强的技击性，对武术器械、搏杀技法的控制十分必要，这也是束缚武术发展的原因之一；网络是一个自由化非常高的空间，人们可以在这里学习知识、买卖物品、传播思想等。武术文化在网络中传播的自由度比现实生活中要大得多。所以，对武术文化网络传播的控制也是武术文化健康发展的重要一环。

加强立法是武术文化在网络传播中的必要环节，针对网络空间的信息传播失范问题，我国政府在探索的同时为网络传播制定了一系列专门的法规和条例。对于网络中出现的恶性事件进行强制管理，并对造成严重后果的嫌疑人进行行政处罚和刑事处罚。

4. 技术防范

技术防范主要是指利用技术手段对网上的一些不良武术信息和非法盗版内容进行封堵与过滤。目前，在技术层面可以采取这样一些措施来防止有害的武术信息在网络空间的传播和蔓延。

（1）实行路由政策

实行路由政策，可以抵御境外的恶意政治言论等有害信息流入国内。通过在互联网的出口路由器上添加路由过滤功能，即把国外有害信息源的 IP 地址在路由器上设为"deny"（拒绝），就可以阻止这些地址上的有害信息入境。

（2）使用过滤软件

使用过滤软件，可以应对各种不良信息。这种方法是用专门的软件在服务器上形成一个过滤网关，它维持着一个词库或一些编码特征，这些词和特征都被认为是有问题的。所有通过这个网关的内容都会与词库的词做对比，一旦发现满足过滤的条件，就进行过滤，从而使无害的信息顺利通过网关。

（3）建造防火墙

建造防火墙，建立武术网络安全保护系统，可以防范各种非法入侵行为。互联网的日益普及使网络被攻击的可能性增大，而且由于网络的开放性，网络安全防护的方式发生了根本变化。在此情形下，防火墙技术应运而生。防火墙是设置在被保护网络和外部网络之间的一道屏障，以防止发生不可预测的、具有潜在破坏性的侵入。防火墙可通过监测、限制、更改跨越防火墙的数据流，尽可能地对外部屏蔽网络内部的信息、结构和运行状况，以此来实现网络的安全保护。尽管利用防火墙可以保护武术网站免受外部黑客的攻击，但其目的只是能够提高武术网站的安全性，不可能保证武术网站绝对安全。事实上，仍然存在着一些防火墙不能防范的安全威胁。例如，如果允许从受保护的网络内部向外拨号，一些用户就可能形成与互联网的直接连接。另外，防火墙很难防范来自网络内部的攻击以及病毒的威胁。

三、对武术文化网络传播的思考

（一）修身与娱乐

中国传统文化来自农耕文明，强调"修身、齐家、治国、平天下"，而修身尤为重要。它以公共言论、准则为价值标准，是传统文化的基石。武术文化是中华传统文化的一部分，修身作为武术文化的重要部分，讲究的是"天人合一""物我合一""仁义礼智信""温良恭俭让"，要求习武之人不断地反省自身，为人处世应当谦虚、谨慎、不骄不躁。

网络侧重于娱乐消遣，如果没有娱乐消遣的功能，互联网的点击率、网民的人数都将会锐减。人在网络中以自我为中心，以满足自身需要为标准，个人价值超越任何其他价值。网络中武术文化的内容，如武侠小说、武打片、游戏等占了绝大部分，并且深受网民的喜爱。专业武术网站由于多以武术文史资料、简短的视频资料为主，缺乏娱乐性，点击率一直徘徊不前。

（二）系统与分散

传统武术文化是以一个个的系统单元构成的，具有血缘和宗法特征，从家族到门派，构成一个又一个既相互独立，又互相重叠、交叉的系统。

网络传播的思维方式是分散式的思维方式，互联网由一个个节点连接而成。人们在网络中以个体的形式存在，形成于大众社会；个人处于心理上与他人隔绝的疏离状态；非人格性在人们的相互作用中盛行；个人比较自由，不受非正式社会义务的束缚。网络中武术文化的传播是分散化、去中心化的。传播者与受众不分地域、年龄、性别、地位、职称、贫富，一律平等地利用网络资源、发布信息、讨论话题。

（三）讷于言传统与喧闹

中国传统文化提倡对个人的自我约束，即慎独，要求人们在日常生活中谦虚、谨慎，三思而后行。网络中，由于人们处于相对隔离的状态，又以自我为中心，可以畅所欲言，言无不尽，甚至可以胡言乱语。

这就造成了网络环境浮躁、喧闹。武术文化作为传统文化的代表，在网络传播中处于矛盾的境况：一方面是传统文化中的"讷于言""慎于行"，另一方面是网络的喧闹和烦躁。如何处理好这种矛盾成为武术文化传播的关键。笔者以为处理好这种矛盾的关键是武术文化把关者、传播者综合素质的提高。只有把关者严格控制网上传播的内容、形式才能正确把握武术文化传播的方向；只有传播者自觉、自律地传播内容健康的武术文化，才能使武术文化在传播过程中不至于偏离轨道。但要注意，在严格控制的同时应当提倡百花齐放、百家争鸣，不能搞成一言堂。

（四）伦理观念的变迁

1. 自由与共享

武术文化建立在传统宗法社会，以农耕社会为基础，在传播中强调传承关系、血缘关系，等级明显。上下之间、门派之间对武术技法、拳术、典籍等保守有余，交流不足。

自由与共享是网络的基本特征，互联网创建的主要动因就是自由共享。互联网的雏形"阿帕网"就是美国国防部为了各部门之间进行资源共享而设计的。武术文化在互联网上以专一或综合的武术文化形式传播，受众可以按照自己喜爱的方式获取自己所需，也可以发表自己的心得体会给其他受众（不管他是不是自己门派的）。在这里，传统的门户观念被打破，八卦派的门徒可以获得少林的拳法资料，太极的爱好者也可以查阅南拳的信息。

2. 平等民主、开放兼容

网络传播有助于人们形成平等民主、开放兼容的现代意识。美国学者华莱士（Patricia Wallace）等人的研究表明，在现实生活中人们受到环境的制约，在有些情形下是乐善好施者，而在其他场合则相反。"在互联网上，人们之间互相帮助的情况就没有这么大的反差。对流派的研究表明，在网上人们总是比实际生活中更乐于帮助陌生人。"网络结构的开放性和去中心性，决定了武术文化网络传播的平等、民主、开放、兼容。在传统武术文化中，等级、嫡系、门户观念深植于武术的方方面面。虽然它的形成有各方面的原因，但客观上这种观念是造成武术保守、武技失传的直接原因。武术文化的网络传播在技术上打破了人为的障碍，使武术文化传播的民主、平等、开放、兼容成为可能；同时更为重要的是打破了人们思想的壁垒，使民主、平等、开放、兼容深入每一个接触网络的人的内心。

3. 老拳师与小青年

武术文化的网络传播其实最终是人现代化的过程，这个过程值得思考。在以往的武术文化传播中，由于武术家、拳师大多没有较高的文化素养，致使武术典籍存世较少，现存的典籍也多是抄袭、仿照别家拳派的书籍，或者假借其他论说进行包装产生的，如太极拳中有 32 种拳式借鉴了戚继光所著的《纪效新书》中的内容。

网络传播是以现代计算机技术为基础进行传播的，对先进技术的掌握无疑是武术文化网络传播的重要条件。青年人思想开放，接受新生事物的能力极强，能够较快地掌握并且利用新技术，但是对武术文化的理解较浅，在武术文化的网络传播中处于优势地位；年龄较大的武术爱好者对武术文化的理解较深，但缺少对现代技术的学习利用，甚至不会利用现代技术进行武术文化的传播，在网络传播中处于相对劣势的地位。

4. 网络与武术传承

武术的传承经历了师徒形式、师生形式向无师形式的发展。在师徒传授中，师父与徒弟是一对一的形式，师父根据徒弟的具体情况进行针对性的教学，此种传播形式多是在传播传统武术的技击技法占主导地位时采用的，师父在传授武艺的同时教育弟子为人处世的方法，师徒之间情若父子；随着西方体育观念对武术的冲击，武术的技击功能逐渐弱化，健身娱乐性逐渐增强，武术由家族、拳馆传授向学校教育发展，原来的师徒关系演变为师生关系，以"点对面"式的武术套路技术教学为主，师生之间缺乏深入的了解；互联网络是一个虚拟的空间，人与人之间相对隔离，传播者和受众只是通过网络进行交流、学习，教与学的角色不是固定的，而是互相交流式的、自学形式的，基本模糊了师徒、师生的概念。

5. 虚拟与现实

武术文化是现实生活中常见的文化，你可以在田间地头、广场路边看到舞枪弄棒的情景，而我们在传播媒介中看到的大都是经过艺术加工的武术文化、幻想的武术文化、虚拟的武术文化。虚拟的武术文化来源于生活，是现实生活中武术文化的反映；现实中武术文化是虚拟武术文化的源头和基石。虚拟的武术文化是人们经过艺术加工、幻想、夸张的武术文化。互联网的出现更是让这种加工过的武术文化得到了升华。

参考文献

[1] 李宏斌. 中原传统武术文化的伦理意蕴及其价值 [J]. 伦理学研究, 2012 (4): 2.

[2] 陈晓蕊, 李美娜. 从科学发展观的角度看传统武术的可持续发展 [J]. 搏击·武术科学, 2012 (5): 9-10.

[3] 纵伟, 代海斌. 现代社会中传统武术的传承途径探析 [J]. 中州体育·少林与太极, 2012 (9): 10-14.

[4] 李芬. 非物质文化遗产视域下传统武术的现代化发展 [D]. 新乡: 河南师范大学, 2011.

[5] 蔡宝忠. 武术与文化 [M]. 太原: 山西科学技术出版社, 2015.

[6] 伍方清. 文化生态视域下传统武术文化的研究 [D]. 武汉: 武汉体育学院, 2012.

[7] 苏克强, 胡素梅. 传统武术文化的和谐内涵与传承途径研究 [J]. 搏击·武术科学, 2011 (4): 22-24.

[8] 申国卿. 中国武术百年转型历程研究 (1990-2012) [M]. 北京: 科学出版社, 2017.

[9] 马睿. 传统武术科学教学与多元化发展研究 [M]. 北京: 水利水电出版社, 2017.

[10] 李守培, 郭玉成. 传统武术现代化的路径研究 [J]. 山东体育科技, 2013 (1): 35-40.

[11] 洪浩. 论中国传统武术现代化走向 [J]. 成都体育学院学报, 2012 (7): 45-49.

[12] 申国卿, 邓方华. 中国武术导论[M]. 重庆: 重庆大学出版社, 2016.

[13] 王纳新, 于秀, 张银行. 武术的文化解释 [J]. 北京体育大学学报, 2017 (5): 132-137.

[14] 张秀芬, 穆诗瑶, 张清波, 等. 普通高校武术文化传承研究 [J]. 当代体育科技, 2015 (8): 216-217.

[15] 禹燕飞. 高校武术文化教育存在的问题与解决措施 [J]. 体育世界, 2015 (3): 60-61.

[16] 刘世海. 高校武术文化传承的现状及对策 [J]. 湖北师范学院学报，2010（2）：131-132.

[17] 廖勇胜，李忆湘. 高校武术文化教育创新策略研究 [J]. 赤峰学院学报，2012（3）：23-26.

[18] 蔡龙云. 武术运动基本训练 [M]. 北京：人民体育出版社，2012.

[19] 孙鸿志. 中国武术国际化传播的理念构建研究 [D]. 苏州：苏州大学，2012.

[20] 尹碧昌，郑峰. 文化生态视野下武术文化的传承创新 [D]. 体育文化遗产论文集，2014.

[21] 杨嘉民. 文化大发展背景下高校武术文化建设研究 [D]. 苏州：苏州大学，2013.

[22] 李长英. 皖江区域武术文化研究 [D]. 武汉：武汉体育学院，2012.

[23] 刘劲松，俞宏光，徐翠. 大众武术实用解析 [M]. 北京：中国原子能出版社，2011.

[24] 郑良思. 校园武术文化对当代大学生人格塑造的影响与作用 [D]. 武汉：武汉体育学院，2012.

[25] 何艳强. 武术教育中武术文化传承的研究 [D]. 开封：河南大学，2013.

[26] 刘勇. 我国武术文化国际传播现状与发展策略研究 [D]. 长沙：湖南师范大学，2012.

[27] 孙鸿志，王岗. 中国武术国际化传播的核心问题：理念的缺失 [J]. 中国体育科技，2011（3）.

[28] 李贤跃，蒋莹. 从文化生态视域透视传统武术文化 [J]. 科技信息，2014（3）：62.

[29] 陆小黑，张道鑫，王岗. 传统武术发展的时代性思考 [J]. 南京体育学院学报（社会科学版），2014（6）：39-45.

[30] 张世榕. 福州市高校传统武术文化传承现状及对策研究 [D]. 福州：福建师范大学，2015.

[31] 王纳新，于秀. 传统武术文化的道家渊源与精神 [J]. 山东体育学院学报，2017（3）：57-58.